철학자들의 신체 철학

Copyright © "Le vrai métier des philosophes" by Nassim El Kabli
© Librairie Arthème Fayard, 2024/France Culture 2024
Korean translation © 2025 Hyeonamsa
This Korean edition is published by arrangement with Librairie Arthème Fayard, via Icarias Agency.

이 책의 한국어판 저작권은 Icarias Agency를 통해 Librairie Arthème Fayard과 독점 계약한 도서출판 현암사에 있습니다. 저작권법에 의하여 한국 내에서 보호를 받는 저작물이므로 무단전재와 복제를 금합니다.

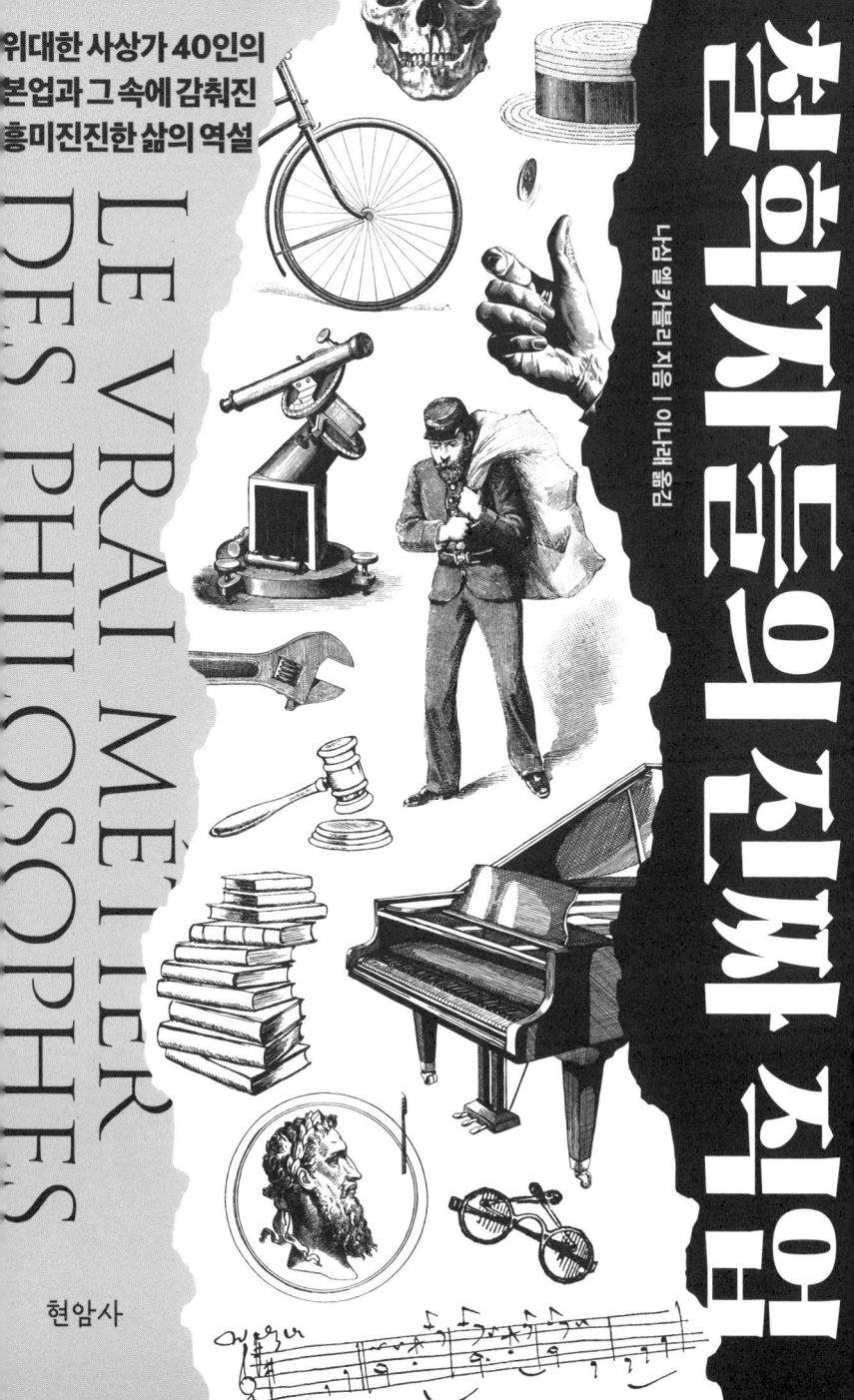

일러두기

- 본문에서 언급되는 책의 원제는 가급적 원어를 병기했으나, 원제를 알기 어려운 경우 영어 제목의 접근성을 고려해 영어로 병기하기도 했다.
- 단행본·전집·학술지명은 『』, 논문명·단행본의 개별 장은 「」, 공연·예술작품·라디오 채널은 〈〉, 잡지는 《》로 표기했다.
- 페이지 하단의 각주 중 편집자 주나 옮긴이 주가 아닌 것은 모두 저자 주다.

추천사

"철학자시라고요? 아, 그렇군요! 그러면 본업으로는 무슨 일을 하시나요?"

그렇다, 철학자에게 던져지는 현실적인 문제다. 사랑과 지혜로는 먹고살 수 없고 철학, 즉 지혜에 대한 사랑이라면 더더욱 어렵다. 철학자도 사람이다. 그러니까 입에 풀칠은 해야 남는 시간에 멍하니 철학적 사색에도 빠질 수 있다는 말이다. 어쨌든 뭐, 일은 해야 한다. 철학이 '직업'은 아니니까.

다시 말해, 철학자이고 싶다면 '직업'이 꼭 있어야만 한다. 철학이란 단순히 팔꿈치를 무릎에 대고 턱을 괸 채, 심각한 표정으로 자신의 내면을 들여다보며 사유를 건져 올리는 것이 아니다.

위대한 예술가의 작품이라고 해서 반드시 모두의 취향을 만족시키리란 법은 없다. 하지만 색을 절묘하게 조합하는 감각, 옷의 주름을 사실적으로 표현하는 기술, 선율을 조화롭게 구성하는 능력, 화음을 풍부하게 전개하는 기법 같이 그의 '숙련된 솜씨'만큼은 감탄할 수밖에 없을 것이다.

모든 아이들이 옆 사람을 그리고 깡통을 두드리며 소리를 내고 박자를 맞춘다. 이것도 예술이라면 예술이다. 일상 속 '평범한' 예술. 하지만 이 중 진정한 예술을 하는 '위대한' 예술가가 되는 아이는 소수다. 철학도 다를 바 없다. 모든 아이들은 순진무구한 얼굴로 쉬지 않고 본질적인 질문을 던진다. '그건 뭐야?' 아니면 '왜 그런 거야?' 하지만 이처럼 사소한 물음이 심오한 철학적 질문으로 이어지는 경우는 많지 않다.

철학을 이야기하려면 어느 정도 독창적이어야 하고, 진리를 집요하게 파고드는 열망이 필요하며 무엇보다도 깊이 있는 탐구 능력이 뒷받침되어야 한다. 여기에서 탐구 능력이란 사유하는 기술을 말한다. 사유란, 타인의 생각 속을 유영하며 자신의 길을 찾아내는 과정이다. 이때, 질문을 던지고, 개념을 형성하며, 논증을 펼치고, 논리적으로 어긋나는 부분이 없는지 확인하며, 때로는 이러한 모순을 어떻게든 해결하려고 애를 쓰기도 한다. 여기까지 전부 철학적 탐구 작업의 본질이다. 하지만 철학이 이처럼 훈련하고 갈고 닦는다고 해서 빛을 발하는 실용적인 기술도 아니고, 직업은 더더욱 아니다. 그렇다면 철학자들의 '진짜 직업'은 무엇일까? 철학자들은 어떻게 먹고살까?

오늘날, 이 질문을 하는 경우는 좀처럼 없다. 현대 사회에서 철학자는 주로 '철학 교사'이거나 대학에서 '연구 교수'로 일하기 때문이다. 요즘 학자들은 성별에 관계없이 오랜 기간 철학 연구에 매진한 끝에 대형 강의실에서 수업을 하고, 학위 논문을 지도하며, 학술회의나 세미나를 주최하면서, 논문 심사위원을 맡기도 하고, 전문 학술지에 논문을 기고하거나 때로는 책을 집필하기도 한다. 칸트 이후 대부분의 철학자들의 사정은 모두 비슷비슷했다. 칸트는 현재 칼리닌그라드 대학의 전신인 쾨니히스베르크에서 정기적으로 강의를 한 첫 번째 철학자다. 그는 생계를 유지하기 위해 수학, 물리학뿐만 아니라 논리학과 윤리학 강의도 했다. 심지어는 지리학, 군사 건축학 또는 불꽃놀이용 화약 제조술도 가르쳤다. 그러고 보면 사실 아리스토텔레스부터 헤겔, 후설, 푸코까지 '위대한 철학자'들의 수많은 저서들은 강의를 위한 교수 노트에서 비롯됐다. 하지만 그렇다고 해서 철학자들이 모두 국립대학이나 연구기관 소속은 아니다. 오늘날뿐만 아니라 과거에는 더더욱 그렇지 않았다.

이 책의 저자 나심 엘 카블리의 이야기는 여기에서부터 출발한다. 철학자들의 '진짜' 직업은 무엇이었을까? 이 책에는 이름난 철학자부터 잘 알려지지 않은 철학자까지, 남녀를 불문하고 수십 명의 이야기가 담겨 있다. 이 중 몇몇의 삶은 예상에서 크게 벗어나지 않을지도 모른다. 흔히 '전문 철학자'라고 했을 때 떠올리는 모습에서 크게 벗어나지 않기 때문이다. 과학(해부학자 또는 수학자), 화술(변호사, 판사, 외교관) 혹은 정보 및 사상 전파(기자, 도서관 사서, 사제)와 관련된 직업들이 그렇다. 이외에도 완전히 뜻밖의 직업(재즈 피아니스트, 황제)도 있고, 더 나아가 허벅지 힘(사이클 선수)이나 손의 감각을 필요로 하는 특이한 직업도 있다. 오토바이 수리공, 노동자, 악보 필사가가 그 예다. 특히 스피노자는 렌즈 세공사였다. 그는 1673년 하이델베르크 대학에서 정교수직을 제안받았지만, 이 제안을 받아들이기보다 평범한 자신의 직업을 이어가기를 택했다. 스피노자에게 제안되었던 자리는 시간이 한참 지나고 1816년에 헤겔이 당당하고 거리낌 없는 태도로 차지하게 된다. 심지어 이 직업 목록에서 노예였던 사람(에픽테토스)도 찾아볼 수 있다. 고대 그리스 철학자인 에픽테토스는 마르쿠스 아우렐리우스 황제처럼 스토아학파였다. 이 지점에서 고대 스토아철학이 주는 메시지의 보편성이 드러난다. 에피쿠로스주의를 제외하고는 이처럼 사상의 보편성을 지닌다고 주장할 수 있는 철학 사조는 거의 없다.

나심 엘 카블리가 이 독창적이고 흥미진진한 책에서 살펴본 모든 생애 중에는 어떻게 생계를 유지했는지 도무지 알 수 없는 경우도 있다. 아마도 자산에서 나오는 수입으로 살았거나 가족이나 주변 사람들의 경제적 지원 또는 고용한 노동자의 노동력에 의존했을 가능성이 높다. 요컨대, 살기 위해 일을 해야 한다는 통념은 사회가 유지되기 위한 필수 조건이자 동시에 도덕적 의무이지만 대부분의 고대 사상가들, 더 넓게는 노동을 할 필요가 없었던 모든 사람에게는 생소한 개념이었다. 하지만 정작 바로 이러한 사람들이 우리가 문학적으로, 학술적으로 뛰어나다고 생각하는 수많은 작품들을 남긴 장본인들이다. 이처럼 철학은 오랫동안 사치로 여겨졌으며 오늘날에 와서야 모두가 책으로 접할 수 있을 만큼 대중화되었다.

추천사

이 미스터리를 잘 설명하는 한 가지 예를 살펴보자. 최초의 철학자인 소크라테스는 가진 게 하나 없었는데 어떻게 생계를 이어갔을까? 아마도 그는 대부분의 경우 부유한 귀족의 아들이었던 자신의 수많은 추종자들에게 후원받으며 생활했을 수도 있다. 어쩌면 처음에는 아버지를 따라 석공이나 조각가(당시 두 직업은 거의 차이가 없었다)가 되려고 했을지도 모른다. 그렇다면, 나심이 이 책의 모든 철학자들을 대상으로 그랬듯, 철학자 소크라테스와 그의 진짜 직업 사이의 숨겨진 연결 고리를 찾아내려 노력해 볼 수 있지 않을까?

그러면 다음과 같은 결론에 도달하게 될 수도 있다. 마치 석공이 가공되지 않은 원석에 망치질을 하고, 돌망치를 내려쳐 정제된 형태의 훨씬 더 정교한 조각 도구로 만들려고 애쓰듯, 소크라테스도 마찬가지로 대화 상대의 날 것 그대로의 거친 의견을 하나씩 반박해 결국 그들의 답변이 논리적인 형태를 갖출 때까지 다듬었던 것이다. 다른 예를 들어보자면, 조각가가 재료에 이미 숨겨져 있던 형태를 세상에 끄집어내는 것처럼 변증법적 사상을 토대로 그 역시 상대방의 머릿속에 이미 들어있던 지식을 끄집어냈을 뿐이다. 따라서 소크라테스는 산파였던 어머니 파이나레테가 신체에서 새 생명을 탄생시켰듯 사람들의 영혼에 내재하던 사상을 세상에 새롭게 태어나게 할 뿐만 아니라 석공이자 조각가로 원석을 다뤘던 아버지 소프로니코스를 따라 정신을 다듬고 형태를 잡아주는 역할을 했다고 할 수 있다.

그렇다면 소크라테스를 철학자들의 '진짜' 직업을 소개하는 이 책에 마흔한 번째 사례로 추가해도 될까? 안 될 이유가 없다. 뿐만 아니라 독자들 또한 다른 철학자들의 사례를 찾아내는 과정에서 재미를 느낄 수도 있다.

철학자들도 '위대한 인물'들과 마찬가지로 업적과 실제 삶이 분리된 채 기억된다. 예를 들어, 철학자들 중 적지 않은 수가 여성이었다거나, 인간이기에 '사상'만으로는 먹고 살 수 없다는 사실을 알면서도 잊어버리고 만다. 그러나 나심 엘 카블리는 때로는 진지하게 때로는 재미있게, 연구자로서 뛰어난 글재주와 인내심을 발휘해, 즉 철학자로서 갈고닦은 역량을 통해 모두가 간과하기 쉬운 질문을 과감하게 던지고 그 답을 찾아냈다.

너무나 명백해서 오히려 보지 못하고 지나쳤던 질문에 다시 눈을 돌리게 해준 이 책의 저자에게 감사 인사를 전한다.

프랑시스 볼프(철학자)

시작하며

 철학자들의 '진짜' 직업? 그러면 철학자가 '가짜' 직업을 가졌다는 걸까? 철학은 직업이 아니라는 뜻일까?
 앞에서 프랑시스 볼프가 말했듯, 오늘날 우리는 '철학자'와 '철학 교수'를 동일시하는 경향이 있다. 물론, 철학을 가르치는 일은 직업이며, 그것도 꽤나 어려운 직업임이 틀림없다. 하지만 철학을 탐구하는 게 엄밀하게 따져서 직업은 아니다. 하나의 활동, 취미, 지적 욕구의 실현이자 열정을 드러내는 일일 수 있으나 그 자체로 직업이라고 할 수는 없다. 즉, 사회적으로 제도화되어 우리가 이 일에 오랜 기간 종사하며 생계를 유지할 수 있도록 보수, 연금, 임금, 수익 등의 구체적인 보상을 제공하는 일이 아니라는 의미다. 19세기부터 수많은 철학자들이 철학 교수로 일했지만, 모두가 그런 것은 아니었다. 스피노자도, 흄도, 니체도, 마르쿠스 아우렐리우스도 철학을 가르치지 않았다. 물론, 이들이 남긴 책을 통해 간접적인 방식으로 가르침을 줬을 수는 있다. 그런데 철학을 하려면 먼저 먹고살 수 있어야 하지 않을까? 라틴어 격언 '먼저 살고, 그 다음에 철학하라 Primum vivere, deinde philosophari'처럼, 일단 살아야 비로소 철학도 할 수 있을 테니 말이다.

철학은 아무나 누릴 수 없는 사치일지도 모른다. 인생을 무겁게 짓누르는 금전적 제약에서 자유로워야 가능한 학문적 활동이 아닐까? 모든 면에서 철학과 일은 서로 상반되는 것처럼 보인다. 일이 자신의 지적 능력을 활용해 재화나 서비스를 생산하는 행위라면 이와 달리 철학은 자신의 견해를 자유롭지만 신중하게 펼치는 행위로 정의될 수 있다. 일은 기술 및 사회적 요구를 충족시켜야 하므로 노동자는 일에 따라 속도와 작업 강도를 맞춰야 한다. 결국, 목표는 효율성과 생산성을 높이는 데 있다. 반면 철학은 이러한 경제적 논리에서 벗어나 모든 강요와 사회적으로 정해진 시간, 체계와 상관없이 자유롭게 성찰하고 연구에 몰두하는 과정이다. 공장에서 일하는 노동자들과 달리,

철학자들은 '출퇴근'을 하지 않으며, 철학 탐구는 예를 들어 3교대와 같은 근무 체계에 얽매이지 않는다.

하지만 저명한 고대 철학자들 중 일부는 '직업' 혹은 '직업 활동'으로 부를 수 있는 일을 하기도 했다. 세네카는 네로 황제의 스승으로, 이후 장관으로 임명받았고, 키케로는 변호사, 마르쿠스 아우렐리우스는 황제, 플루타르코스는 델포이 아폴로 신전의 신관이었다. 이후 이어지는 수백 년 동안 이런 사례는 훨씬 많았는데, 뒤에서 더 자세하게 다뤄보겠다. 사실, '직업'이라는 개념은 이 책에서 인용한 철학자들이 수행했던 다양한 형태의 활동들을 모두 포함할 만큼 충분히 융통성이 있다. 이 중 일부는 렌즈 세공사, 악보 필사가, 전보 기사처럼 현재는 사회에서 사라졌지만, 당시에는 분명한 직업이었다. 반면 변호사, 판사, 노동자, 오토바이 정비공, 음악가, 편집자, 사업가, 물리학자, 기자, 역사학자, 도서관 사서, 경제학자, 외교관, 예술 비평가, 인류학자, 사회학자 등 다른 직업들은 오늘날에도 여전히 존재한다. 엄밀하게 따졌을 때 직업이라고 할 수 없는 시장, 정치 지도자, 사이클 선수, 수도원장, 사제와 같이 많은 헌신을 쏟아야 하고 사회적으로 인정받는 활동도 있다. 게다가 군주의 안내자, 조세 청부업자와 같은 일부 직업은 우리에게 굉장히 생소하게 느껴질 수 있다. 마지막으로 다른 활동들은 '직업'이라고 부를 수 있는 경계에 놓여 있으며, 뿐만 아니라 자산가, 전직 은행 강도, 위조 화폐 제작자 그리고 공주도 만나 볼 예정이다. 실제로 철학자로서의 활동과 병행하며 직업을 가지고 있던 철학자들이 모두 남성인 것은 결코 아니다. 여성 철학자들의 활약도 대단했다.

남성이든 여성이든 그들의 다양한 실제 직업과 철학자로서 주장한 사상 사이에는 어떤 관계가 있을까? 철학자들에게 직업이란 단지 생계 수단에 불과했을까? 모두가 자산가는 아닐 테고, 결국 먹고살아야 하니 어쩔 수 없었을까? 아니면 그들의 철학과 유사성, 인과관계 또는 모순으로 연결되어 있을까? 『철학자들의 진짜 직업』에는 이와 관련된 모든 사례가 담겨 있으며, 이 책을 통해 어떤 부분에서 철학이라고 하는 철학자들의 '지적 노동(이 표현을 과감하게 써봤다!)'과 철학 외적 노동이 서로 부딪치고, 자연스럽게 뒤섞이는지 조명하고자 했다.

철학자들이 지적 활동과 병행한 직업에 주목하는 것은 단순히 그들의 생애에 대해 관심을 보이는 문제가 아니다. 이 수많은 직업들은 그 자체로 철학적인 차원에 속한다. 이러한 특성이 때때로 역설적인 방식으로 드러난다고 하더라도 우리가 철학자들의 철학 사상 자체를 이해하는 데 도움을 준다.

어쩌면 철학자들의 '진짜' 직업은, '진정한' 역할은 두 발을 현실이라는 땅에 꼭 붙인 채 멀리 바라볼 줄 아는 것 아닐까?

차례

추천사	5
시작하며	13

바뤼흐 스피노자, 렌즈 세공사	20
한나 아렌트, 기자	26
디오게네스, 위조 화폐 제작자	33
이브 퀴세, 배우이자 코미디언	40
블레즈 파스칼, 대중교통 사업가	47
루키우스 안나이우스 세네카, 황제의 친구	53
매튜 크로포드, 정비공	60
에밀리 뒤 샤틀레, 물리학자	68
미셸 드 몽테뉴, 시장	75
도미니크 메다, 고위 공무원	82
플루타르코스, 아폴론 신전의 신관	88
드니 디드로, 미술 자문관	94
자크 엘리제 르클뤼, 지리학자	100
앙리 베르그송, 외교관	106
기욤 마르탱, 프로 사이클 선수	112
가스통 바슐라르, 우체국 직원	118
고트프리트 빌헬름 라이프니츠, 도서관 사서	124
아녜스 게로, 싱어송라이터	130
코르넬리우스 카스토리아디스, OECD 경제학자	137
장자크 루소, 악보 필사가	143
장 멜리에, 신을 믿지 않는 사제	149
샤를 루이 드 몽테스키외, 판사	155

아서 단토, 미술 평론가	**161**
마르쿠스 아우렐리우스, 황제	**168**
마리 르 자르 드 구르네, 편집자이자 여성 운동가	**174**
토머스 홉스, 군주의 안내자	**180**
클로드 아드리앵 엘베시우스, 조세 청부업자	**185**
마르쿠스 툴리우스 키케로, 변호사	**191**
바르바라 카생, 정신질환을 겪는 청소년을 위한 교육 전문가	**197**
쇠렌 키르케고르, 자산가	**203**
베르나르 스티글레르, 은행 강도	**209**
에픽테토스, 노예	**214**
클로드 레비스트로스와 디나 드레퓌스, 인류학자	**220**
엘리자베트 폰 데어 팔츠, 수도원장	**226**
프리드리히 니체, 문헌학자	**232**
하워드 베커, 재즈 피아니스트	**238**
히파티아, 천문학자	**244**
데이비드 흄, 역사학자	**250**
르네 데카르트, 해부학자	**255**
시몬 베유, 노동운동가	**261**
마치며	**267**
철학자 연대순 목록	**270**

바뤼흐 스피노자 (1632~1677)

렌즈 세공사

"시각의 물리적 한계를 극복하고
인류의 인식 세계를 넓히는 데
기여하다"

스피노자는 당대에 렌즈 세공사로도 알려져 있었다. 렌즈 세공은 그의 '밥벌이'였다. 일 덕분에 그는 경제적으로 자립할 수 있었고, 시간이 나면 철학에 몰두할 수 있었다.

스피노자가 살던 시대에 세상은 더 이상 좁은 경계로 둘러싸인 폐쇄적이고 한정된 공간이 아니었다. 갈릴레이 그리고 뉴턴 덕분에 시각적으로 무한한 가능성의 문을 열어젖혔다. 당시 인류는 현미경으로 무한소의 세계를 들여다봤고, 망원경을 통해 무한대의 세계를 만났다. 이러한 광학기기의 등장과 과학의 발전에 렌즈 세공은 상당히 구체적으로, 실질적으로 도움이 되었다. 그중에서도 렌즈 연마 과정이 그러했다.

새로운 광학 기기를 제작하려면 복잡하고 매우 섬세한 기술 작업이 반드시 필요하다. 여러 작업들 중 렌즈 연마는 마지막 단계로, 이때 세공사는 렌즈 표면의 모든 불순물과 우둘투둘한 부분을 제거한다. 바로 이 단계부터 본격적으로 스피노자의 일이 시작된다. 렌즈를 연마하려면 연마 용기라고 불리는 틀, 즉 연마할 렌즈보다 아주 약간만 더 큰 금속으로 된 몰드에 렌즈를 넣는다. 이 용기에는 연마포가 깔려있다. 세공사는 연마 디스크를 사용해 렌즈를 움직이는데, 이때 렌즈를 투명하고 고르게 만들기 위해 손으로 직접 만지지 않는다.

이 섬세한 작업에는 뛰어난 손재주, 깊은 주의력 그리고 차분한 인내심이 요구된다. 철학자에게 필수불가결한 자질들을 모아놓은 것 같지 않은가? 실제로 스피노자에게 렌즈를 연마하고 『에티카』를 집필하는 두 가지 일은 밀접하게 연결되어 있다. 단지 각각에 요구되는 자질만 공통적인 게 아니라 어떤 의미에서는 동일한 행위에서 비롯되기 때문이다. 철학자 질 들뢰즈가 지적했듯, "기하학적 방법론, 렌즈 세공사라는 직업 그리고 스피노자의 삶은 하나의 큰 틀에서 이해해야 한다."[1]

---

[1] 질 들뢰즈, 『스피노자의 철학』, 박기순 옮김, 민음사, 2001; 인용은 1981년 파리 미뉘 출판사에서 나온 『스피노자: 실천 철학Spinoza: Philosophie pratique』 참조.

스피노자는 렌즈 세공 작업과 광학 기기 제작에 기하학적 사고를 결합해야 한다고 제안한다.

언뜻 봤을 때, 기하학이라는 추상적 관념과 렌즈 세공이라는 몹시 구체적인 작업은 그 무엇보다도 동떨어져 있는 것처럼 보인다. 하지만 자세히 들여다보면 이 두 가지는 결코 무관하지 않다. 렌즈의 확대 효과는 오래전부터 쌓인 경험을 통해 누구나 익히 알고 있었다. 그럼에도 불구하고 스피노자가 수없이 많이 읽었던 글들의 저자인 데카르트는 저서 『굴절광학LaDioptrique』에서 이 원리를 기하학과 과학 이론으로 체계화했다. 렌즈를 연마하는 일, 즉 렌즈 제작의 마무리 손질을 하는 작업은 인간의 보는 능력을 키우는 일이다. 마찬가지로, 정의, 논증, 파생 명제 그리고 주해를 기반으로 한 『에티카』의 체계적 구성은 인류의 시야를 넓히는 데 중요한 역할을 했다. 바로 이런 의미에서 스피노자는 논증과 시각을 비교했다. 그는 『에티카』 5부 23번째 명제에 대한 주해에서 다음과 같이 기술했다. "사물을 바라보고 관찰하는 영혼의 눈은 논증 그 자체다."[2]

렌즈든 논증이든, 중요한 것은 언제나 사물을 실제 존재하는 그대로 보는 것이다. 그런데 사물을 있는 그대로

---

[2] 바뤼흐 스피노자, 『에티카』, 『전집』 제3권, 강영계 옮김, 서광사, 2007; 인용은 파리 플라마리옹 출판사에서 나온 책 325쪽 참조.

보려면 두 가지 조건을 전제로 한다. 첫째, 보이는 대로만 보지 말아야 한다. 둘째, 눈에 바로 보이지 않는 것을 인식할 수 있도록 사고를 확장해야 한다. 광학기기를 통해 무한히 크고, 무한히 작은 세계를 들여다본다는 것은 맨눈으로는 인식할 수 없는 현상을 관찰할 수 있게 되었다는 뜻이다. 또한 참인 명제의 명백한 이치에 도달하는 것은 오랜 논증을 거쳐야만 드러나는 진실을 밝히는 일이다. 따라서 영혼의 눈으로 본다는 말은 단순한 비유가 아니다. 진리는 보는 것이다.

> 스피노자는 지적 노동과 육체노동이 서로 반대되는 것이라는 고정관념을 완전히 깨뜨렸다.

과학의 비약적 발전은 기술 발명과 혁신에 크게 좌우된다. 그런데 광학 기술의 역사를 살펴보면 재미있는 사실을 하나 발견할 수 있다. 바로 광학기기가 시각을 왜곡한다는 의심을 받으며 오랫동안 불신의 대상이었다는 것이다. 그러다 17세기에 세상이 완전히 뒤집혔다! 현실을 왜곡하는 건 바로 우리의 직관적인 관점이었다. 제대로 보려면 기술자의 손길이 필요하다. 스피노자가 보기에는 이 손이 너무나 중요해서 기계로 세공하는 걸 거부할 정도였다. 한 서신에서 그는 물리학자 크리스티안 하위헌스Christiaan Huygens가 고안한 렌즈 제작 기계를 언급하며 손으로 작업하는 게 더 낫다고 고백한다. "그는 제법 훌륭한 기계를 만들었고, 덕분에 선반에서 렌즈를 가공할 수 있게 됐지. 그럼에도 나는 그가 어떤 성과를 얻었는지 모르겠군. 진실을 말하자면, 그다지 알고 싶은 마음도 없네. 지금까지의 경험에 따르면, 실제로 둥근 렌즈를 세공하는 데 그 어떤 기계보다 손이 훨씬 나았어."[3]

하위헌스의 기계는 써보지도 않았으면서 자신의 경험만을 얘기하는 스피노자가 의아할 수도 있다. 하지만 스피노자에게 가장 명백한 진리는 기계가 아닌 인간의 손으로 이뤄지는 작업이 훨씬 뛰어나다는 것이다.

> **한 걸음 더 나아가기**
>
> 당시 광학 기술의 경이로운 발전을 생각하면, 17세기를 진정한 계몽시대라고는 할 수 없더라도 적어도 빛의 시대라고는 부를 수 있지 않을까?

---

[3] 바뤼흐 스피노자, 「올덴부르크에게 보내는 32번째 서한Epistola 32 ad Oldenburgium」(1665년 11월 20일 자), 『서간집Epistolae』, 『전집』 제4권, 샤를 아퓐 옮김, 파리, 플라마리옹(GF 총서), 1966, 238쪽.

깊이

파고들기

필리프 아무, 『보이는 것의 변화: 17세기 광학 기기의 인식론적 영향에 대한 고찰La Mutation du visible. Essai sur la portée épistémologique des instruments d'optique au xvii siècle』, 제1권, 빌뇌브다스크, 세탕트리옹대학출판부, 1999.

피에르 소바네, 「스피노자의 윤리학과 광학Éthique et optique chez Spinoza」, 『철학Philosophique』, 『프랑슈콩테 대학교 인문학 연보Annales littéraires de l'Université de Franche-Comté』, 제1호, 1998, 143~160쪽(온라인 자료).

바뤼흐 스피노자, 『에티카』, 『전집』 제3권, 제5부, 제23 명제, 샤를 아퓐 옮김, 파리, 플라마리옹(GF 총서), 1966.

바뤼흐 스피노자, 「올덴부르크에게 보내는 32번째 서한(1665년 11월 20일자)」, 『서간집』, 『전집』 제4권, 샤를 아퓐 옮김, 파리, 플라마리옹(GF 총서), 1966.

한나 아렌트 (1906~1975)

기자

"시대를 대표해 활발한
공적 토론의 장을 만들다"

독일 철학자 한나 아렌트는 1933년에 독일을 떠났다. 이후 프랑스를 거쳐 미국으로 건너가 다양한 신문사에서 일했다. 철학자에서 기자가 된 배경에는 두 가지 경험이 자리 잡고 있다. 하나는 개인적으로 겪은 망명이고, 또 다른 하나는 모두가 겪은 전쟁이다.

미국으로 망명하기 전에도 아렌트는 명석한 철학자였다. 1928년에는 『사랑 개념과 성 아우구스티누스』[4]라는 논문을 발표하기도 했다. 게다가 1951년 『전체주의의 기

---

[4] 편집자 주 - 한나 아렌트, 『사랑 개념과 성 아우구스티누스』, 서유경 옮김, 조애나 스코트·주디스 스타크 엮음, 필로소픽, 2022.

원』[5] 3부작을 출판한 데서 알 수 있듯 기자가 된 이후에도 철학을 그만두지는 않았다. 그러나 기자로서 기사를 작성하는 일과 철학자로서 글을 쓰는 일은 서로 완전히 다른 영역이었다. 기자는 실시간으로 사실과 그 정확성을 명확히 파악해야 한다. 한편, 철학자는 장기적인 관점으로, 한 발 물러나 혼란스러운 사건에서 의미 있는 해석을 도출해야 한다.

전쟁이 일어났을 때처럼 위기의 시기에 철학을 하려면 새로운 방식이 필요하다. 기존과는 다르게 사유하고, 표현해야 하며, 뿐만 아니라 현실에 참여하는 방식도 달라져야 한다. 한나 아렌트는 더 이상 예전과 같은 주제를 탐구하지 않았다. 탐구할 수 없었다. 성 아우구스티누스에 대해 깊이 파고들고 중세철학에 심취하는 것은 평화의 시대에나 가능하다. 단지 사유의 대상만 바뀐 것은 아니다. 글을 쓰는 방법 자체도 새로워져야 했다. 전쟁과 관련된 문제들을 다룰 때에는 그 심각성에 따라 두 가지를 지켰다. 첫째, 어쩔 수 없이 변하기 쉽고 혼란스러운 현실에 최대한 순응한다. 전쟁 중에는 정보가 곧 무기이기 때문이다. 하지만 사건은 돌연 벌어지기에 그 사건의 진실에 다가가는 것조차 어렵다. 둘째, 사건을 보도할 때에는 최대한 많은 이에

---

[5] 편집자 주 - 한나 아렌트,『전체주의의 기원1』,『전체주의의 기원2』, 이진우·박미애 옮김, 한길사, 2006.

게 정보를 전달할 수 있도록 노력해야 한다. 사유라는 행위가 높은 벽에 막힌 채 소수의 전문가들만이 공유하는 전유물이 되어서는 안 된다. 사상은 뜬구름 잡는 추상적인 개념이 아니다. 사상은 세상에 뿌리를 내리고 변화를 이끈다. 특히 전시에 선전이 지니는 영향력을 생각해 보면 그 힘이 얼마나 강력한지 알 수 있다. 그러므로 한나 아렌트는 기자로서 자신의 시대에 큰 상처를 남긴 비극적인 사건들을 사유의 대상으로 삼아 철학적으로 조명하고 분석했다. 이는 당시에 아렌트가 직접 경험한 순간들이지만, 오늘날 우리에게는 거대한 역사의 흐름 속 일부로 여겨지고 있다.

언론과 철학은 사실과 사건에 기울이는 관심 안에서 만난다. 참된 기자는 사건 속에서 역사의 바람이 불기 시작하는 걸 느끼는 사람이다. 진정한 철학자는 현재 일어나는 사건들을 개별적으로만 조명하지 않고, 과거부터 현재를 관통해 미래에 도달하는 역사적 맥락과 복잡한 흐름 속에서 바라본다.

> 한나 아렌트는 기자라는 직업을 통해 공론의 장에 자신의 사유를 효과적으로 자리 잡게 했다.

아렌트의 활동과 관련해 칸트부터 최근의 하버마스까지 이어지는 독일 철학이 공적 논의에서 '공개성'을 중요한 가치로 여겨왔다는 사실은 큰 의미를 지닌다. 여기에서 말하는 공개성은 상업적 광고와는 그 목적과 의미에서 본질적으로 다르다. 메시지를 퍼뜨린다는 기능적 차원에서는 유사해 보일 수 있으나, 공개성은 사상을 공적인 영역으로 이끌어 가능한 한 널리 확산시키는 데 초점을 둔다. 다시 말해, 의견, 사상, 정보를 공개적으로 밝히고 토론의 장에 등장시키려는 노력이다. 민주주의 사회에서는 이러한 공적 논의가 이성을 바탕으로 이루어지며, 깊은 사고를 통해 논증을 펼치는 과정으로 토론이 정의된다.

기자로서 아렌트는 '공개성'의 개념을 구체적으로 구현했다. 공개성은 오늘날 우리가 '비공개성'을 추구하며 소셜미디어를 활용하는 방식과는 정반대다. 단 몇 글자로 의견을 내거나 감정을 표현한다고 해도 공적 논의에 참여하는 것과는 거리가 멀다. 공개성은 단순한 바이럴 효과와는 다르다. 공적 논의의 장은 인터넷 조회 수가 아니라 논증의 수준에 따라 결정된다. 이러한 관점에서 언론의 핵심 원칙인 다원주의는 철학적 사고방식과 맞닿아 있다.

아렌트는 사람들의 사회 참여를 불러일으킬 수 있도록

정치적 입장을 명확히 한 기사들을 작성했다. 그녀의 글을 두고 격렬한 논쟁들이 벌어졌으며, 그중에서 가장 유명한 논쟁은 1961년 아이히만 재판과 관련된 기사에서 시작됐다. 아렌트는 아이히만을 단순히 순응적인 관료로 여겨 그의 악행을 평범하게 순화해 서술했다는 비판을 받았다. 이후 역사학자들은 아이히만이 자신의 신념에 따라 적극적으로 활동하고 움직인 나치 당원이었다는 사실을 밝혀냈다. 뿐만 아니라 아렌트는 '유대인 평의회'가, 말하자면 나치에 협력했다고 주장하기도 했다. 오늘날 일부 역사학자들은 이 평의회를 구성했던 인사들이 복잡한 현실의 한계 속에서도 자신들이 속한 공동체의 고통을 줄이기 위해 애썼다고 평가한다.

끊임없었던 사회적 논쟁에도 불구하고, 아렌트가 기자로서 자신의 가설을 정립하고 논의를 이끌어가는 등의 지적 용기를 발휘했다는 사실은 그 누구도 부정할 수 없다.

또한 한나 아렌트는 미국 사회의 모순과 맞서 싸웠고 이 과정에서 그녀가 취한 입장은 때때로 논란이 되었다.

1957년 미국 연방 대법원은 학교에서 흑인과 백인을

분리하는 교육이 불법이라는 판결을 내렸다. 이 결정은 미국 남부에서 거센 반발을 불러일으켰다. 실제로 리틀록의 흑인 학생 아홉 명이 개학 날 심한 공격을 당했기 때문이다. 그런데 미국의 유명한 사회비평 잡지 《디센트^{Dissent}》에 기재된 기사에서 아렌트는 미국 연방 대법원의 판결을 비판했다. 그는 물론 학교 교육에서의 인종 분리에 반대했다. 다만, 학교 측의 반대에도 불구하고 흑인 학생 아홉 명을 강제로 등교시키면 자명하게 그들이 불합리한 대우를 당하게 될 것으로 생각했다. 이번에도 마찬가지로 논쟁의 양상이 복잡할 수밖에 없었다.

> ### 한 걸음 더 나아가기
>
> 한나 아렌트가 그의 지적 활동에서 자주 참조했던 아리스토텔레스는 인간 사회에서 일어나는 일들 대부분은 예외 없는 필연이 아닌 개연성에 기반한다고 여겼다. 하지만 아렌트는 이례적인 사건들을 연구하고자 했다. 특히 그가 기자로서 분석한 특별한 사건들은 철학자로서 탐구한 일반적인 경우보다 더 난해하고 복잡했을 것으로 짐작된다.

깊이
파고들기

한나 아렌트, 「리틀록에 대한 성찰Reflections on Little Rock」, 《디센트》, 제6권, 제1호(1959년 겨울), 45~56쪽(온라인 자료).

한나 아렌트, 『예루살렘의 아이히만: 악의 평범성에 대한 보고서Eichmann in Jerusalem: A Report on the Banality of Evil』(1963년 미국 초판), 앤 게랭에니 옮김, 파리, 갈리마르(폴리오 이스투아르Folio Histoire 총서), 1991.

미셸 파브르, 「한나 아렌트, 리틀록과 교육 중립성 문제Hannah Arendt, Little Rock et la question de la neutralité scolaire」, 『교육학 연구기관(CERFEE) 논문집』, 제64호, 2022(온라인 자료).

제랄딘 뮐만, 「'최종 해결책' 실행자들의 행태: 한나 아렌트와 비판자들Le comportement des agents de la "solution finale": Hannah Arendt face à ses contradicteurs」, 『쇼아 역사 저널Revue d'Histoire de la Shoah』, 제3권, 제164호, 1998, 25~52쪽.

제랄딘 뮐만, 『사실을 위하여Pour les faits』, 파리, 레 벨 레트르 출판사, 2023.

디오게네스(기원전 413~323)

위조 화폐 제작자

"위조화폐를 만들며
자신의 도덕적 신념을 지켜내다"

견유학파犬儒學派였던 시노페의 디오게네스는 일평생을 사회적 규범과 관습에 맞서 사고하고 행동했다. 사회의 중심에서 멀어져 변두리에서 머무는 삶은 그에게 곧 진정한 존재로 나아가는 방식이었다. 그는 인위적으로 만들어진 사회 가치 체계에 대항하며 심지어는 위조 화폐를 제작하기에 이르렀다. 이 비범한 철학자에게는 위조 화폐를 만드는 일조차도 진정성의 가치를 지키기 위한 노력이었다.

디오게네스는 오늘날 주로 이단아적인 기질과 전설로 내려올 정도로 당돌했던 태도로 잘 알려져 있다. '개 같은 철학자'라고도 불렸던 그는 커다란 술통, 실제로는 항아리 Pithos, 즉 곡식을 담거나 포도즙을 발효시키는 용도의 황토 단지에서 살았다. 디오게네스가 자신을 찾아온 알렉산드로스 대왕에게도 "햇빛 가리지 말고 비키쇼."라고 같이 쏘아붙였다는 이야기는 유명하다. 큰 술통에서 살고, 마케도니아 왕에게 막말을 해대는 것만 봐도 디오게네스가 얼마나 관례를 무시했는지 알 수 있다. 그래서인지 제대로 된 일을 하는 그의 모습은 도저히 상상할 수가 없다. 이러한 맥락에서 디오게네스는 아버지 히케시오스처럼 환전상이 되는 대신 위조 화폐 제작자가 되었다.

위조 화폐 제조에는 어느 정도 능숙한 기술력이 필요하다. 당시에 그리스 화폐는 오직 금속으로만 제작되었는데, 이에 따라 두 가지 위조 방식이 있었다. 첫 번째는 보다 전문적으로 합금에 들어가는 금의 비율을 줄여 금속 자체를 변형하는 기술이다. 두 번째는 화폐 가치를 인증하는 데 쓰이는 장을 조작해 가짜를 진짜처럼 보이도록 하는 기법이다. 예를 들어 실제로는 귀금속 함량이 50%인 동전에 80%라고 표시된 도장을 찍어 가치를 속이는 식으로 결국, 재료에 손을 대거나 표기된 귀금속 함유량을 조작하거나 둘 중 하나다.

철학자라는 점과 이름만 같을 뿐 전혀 다른 사람인 디오게네스 라에르티오스가 남긴 이야기 중 이 견유학파 철학자가 어떻게 삶을 살아야 할지 묻기 위해 신탁을 구하러 떠났다는 일화를 찾아볼 수 있다. 그에게 내려진 신탁은 다음과 같았다. '화폐를 바꿔라 $^{Nómisma\ parállaxon}$.' 그런데 여기서 쓰인 그리스어 단어 '노미스마^{nomisma}'는 화폐뿐만 아니라 관습, 사회적 규범 그리고 도덕이라는 의미를 지니기도 한다.

디오게네스는 독자적인 삶의 방식으로 전통적인 규범에서 벗어났고 화폐를 위조하면서 말 그대로 화폐를 바꿔버렸다. 그는 '울림을 주는 묵직한' 표현으로 유명했으나 그가 만든 동전은 제소리를 내지도 못했고, 그만큼 무게가 나가지도 않았다.

> 위조 화폐를 만드는 일은 진리와 현실을 구분하는 고전적인 개념을 잘 드러낸다.

실제로 존재한다고 꼭 진실은 아니다. 위조 화폐는 물리적으로 실재하며 만질 수도 있지만 공식적으로 사용 가치가 인증되지 않았고, 겉보기에 번듯할 뿐 실제로는 그렇지 않기 때문에 '진짜'라고 말할 수 없다.

디오게네스

그런데 역사학자들에 따르면, 이미 시노페의 디오게네스 시대부터 국가 자체적으로도 공식 화폐에서 귀금속 함량을 줄이는 방식으로 이런 유형의 조작이 이뤄지고 있었다. 즉, 공식적으로는 진짜지만 실질적으로는 가짜나 다름없었다. 화폐에 표시된 가치가 실제 금속의 가치와 일치하지 않았기 때문이다.

'공식적으로는 진짜지만 실질적으로는 가짜'라니, 그야말로 견유학파 철학자가 즐거워할 만한 표현이다. 디오게네스는 정확히 바로 이러한 형태의 위선에 반기를 들었다. 사회적 질서를 거부한 그의 삶이 단순히 타인을 아랑곳하지 않고 자기 마음대로 살고자 한 이기적인 욕망의 표현으로 이해되어서는 안 된다. 그의 표현을 빌리자면, '개처럼 사는 것'은 모든 가치가 바닥에 떨어진 타락한 사회를 거부하는 삶의 태도나 다름없다. 여기서 견유학파라는 단어가 어원적으로 '개'를 의미한다는 점을 떠올려 볼 필요가 있다. 그런데 디오게네스가 위조 화폐를 제작한 행위는 오히려 그의 윤리적 진정성과 도덕적 위대함에서 비롯되었다. 이것이 바로 견유학파의 역설이다. 디오게네스는 특히 경제적 가치의 전복에 분개하고 반발했다. 살아가는 데 필수적인 밀과 같은 곡물은 값이 얼마 되지 않는 반면, 쓸

모없고 사치스러운 것, 예를 들어 보석은 천문학적인 가격에 거래된다는 사실에 기막혀했다. 그렇다고 해서 물론 생필품의 과도한 인플레이션을 지지하지는 않았다. 단지 철학자로서 경제의 모순을 세상에 드러내려고 했을 뿐, 그의 접근방식은 정치적이지 않고 철학적이었다.

> 디오게네스는 자신의 삶을 본보기 삼아 우리에게 경제란 결국 하나의 사회적 합의에 따른 학문일 뿐 그 안에서 진실은 적합한 평가 기준이 되지 않는다는 사실을 깨닫게 해줬다.

그는 단지 사치와 부에 기반한 사회가 만들어내는 불평등과 종속 상태를 규탄했다. 디오게네스의 삶에 관해 전해지는 믿기 어려운 또 다른 일화는 위조 화폐 제작자와 철학자가 본질적으로 다르지 않다는 사실을 잘 보여준다. 지중해 항해 중 해적들에게 붙잡혔을 때 그는 그들 중 자신을 노예로 팔려는 자에게 "나를 스승으로 모실 사람에게 팔아라."라고 말했다고 한다. 위조 화폐 제작은 그에게 있어 결국 자신의 자유를 지키고 사회 질서에 종속되지 않으려는 하나의 방책이었다.

디오게네스

한 걸음 더 나아가기

디오게네스는 단지 부를 쌓기 위해 화폐를 위조한 게 아니었다. 이를 통해 그가 살던 시대의 경제적 폐단과 불평등을 고발하고자 했다. 진정한 의미에서 '몸소 가르침을 준' 셈이다. 장황한 연설 대신, 그는 위조 화폐 제작이라는 파격적인 방식으로 삶의 진실을 드러냈고, 결과적으로 많은 사람이 불편한 진실과 마주하게 했다.

깊이
파고들기

막심 샤퓌, 『그리스 사상 속 주변인의 형상: 견유학파 전통을 중심으로Figures de la marginalité dans la pensée grecque: Autour de la tradition cynique』, 파리, 클라시크 가르니에, 2021.

에티엔 엘메르, 「화폐는 무엇의 척도인가?: 아리스토텔레스, 디오게네스, 플라톤 또는 정치적 맥락에서의 화폐적 합의De quoi la monnaie est-elle la mesure?: Aristote, Diogène et Platon ou la convention monétaire dans l'horizon du politique」, 『정치경제학 논총Cahiers d'économie politique』, 제72호, 2017, 7~26쪽.

디오게네스 라에르티오스, 『저명한 철학자들의 생애와 사상Vies et doctrines des philosophes illustres』, 제6권, 마리 오딜 굴레카제 편집, 파리, 르 리브르 드 포슈(라 포쇼테크La Pochothèque 총서), 1999.

올리비에 피카르, 「위조 화폐가 진짜 돈으로 받아들여질 때Quand la fausse monnaie est prise pour argent comptant」, 『고고학 보고서Dossiers d'Archéologie』, 「진실 혹은 거짓Vrai ou faux ?」, 제312호, 2006년 4월, 50~55쪽.

이브 퀴세(1972~)

배우이자 코미디언

"자기 자신과 거리 두는
일로부터 사유를 시작하다"

철학자의 정체성을 유지한 채 코미디언이 된 이브 퀴세는 무대 위에서 철학의 중요한 논제들을 탐구한다. 코미디는 사유의 대상일 뿐만 아니라 사유를 가능하게 하고 이를 통해 우리가 존재하도록 돕는 하나의 방식이다.

코미디 공연을 하고, 나아가 코미디언으로서 메시지를 전달하는 철학자가 있다? 결코 평범한 일은 아니다. 철학은 진지해야 하지 않을까?

웃음은 곧 진지함의 정반대로 여겨진다. 물론 웃음 자체가 철학자에게 있어 사유의 대상이 될 수는 있다. 베르그송의 『웃음』[6]이나 칸트가 자신의 저서 『인간학』[7]에서 웃음이라는 현상에 대해 남긴 성찰들을 예로 들 수 있다. 철학자에게 웃음이란 무엇보다도 인간 삶과 관련된 사회적인 현상으로, 철학적으로 분석하기에 적합한 주제다. '인간은 웃는 동물이다'라는 일반 명제에서 철학자는 다양한 결론을 도출해 낼 수 있다. 철학자는 또한 조롱, 풍자, 반복 개그 등 웃음을 유발하는 형태에도 관심을 갖지만 일반적으로는 스스로 웃지도, 우리를 웃기지도 않는다. 웃음을 사유의 대상으로 삼아도 전혀 재미있지도, 배꼽을 잡을 만큼 웃기지도 않다. 니체는 '웃음이 터져 나오지 않는 진리는 진리가 아니다[8]'라고 말했다. 그런데 이 명제도 그다지 웃음을 자아내지 않으니 이브 퀴세가 쓴 표현을 빌리자면, 논리적으로 거짓이 되고 만다.

    아주 어렸을 때부터 퀴세는 다른 사람들을 웃기고 싶다는 욕망을 느꼈다. 스스로를 우울하고 따분한 아이로 여겼음에도 불구하고 말이다. 14살 때, 퀴세의 같은 반 여자 친구가 그를 파리 '포앵 비르길'이라는 극장에서 열린 공연

---

6 편집자 주 - 앙리 베르그송, 『웃음』, 정연복 옮김, 문학과지성사, 2006.

7 편집자 주 - 임마누엘 칸트, 『인간학』, 홍우람·이진오 옮김, 한길사, 2021.

8 프리드리히 니체, 『차라투스트라는 이렇게 말했다』, 『전집』 제3권, 장희창 옮김, 민음사, 2004; 인용은 2023년 파리 갈리마르 출판사에서 나온 『차라투스트라는 이렇게 말했다Ainsi parlait Zarathoustra』 186쪽 참조.

에 초대했다. 공연을 보며 퀴세는 이 친구의 존재를 까맣게 잊어버렸다. 마침내 무대와 운명적으로 만난 순간이었다. 물론 그 이후 둘은 결코 헤어지지 않았다. 동시에 그는 철학 공부를 계속해 나갔고 2000년에 위르겐 하버마스를 주제로 한 박사 논문을 발표했다.

겉으로 봤을 때, 철학적 활동에서 실제로 웃는 경험은 배제되는 듯하다. 철학은 진지한 성찰이자 일정 거리를 두고 현상을 탐구하는 지적 활동이기 때문이다. 하지만 실제로 철학자이자 배우와 코미디언으로서 그의 두 활동은 그렇게 동떨어져 있지 않다.

처음에 이브 퀴세는 두 개의 평행한 길을 따로 걸어가려는 듯 보였다. 하지만 2002년, 첫 번째 작품 〈대역$^{Le\ Remplaçant}$〉을 집필하기 시작했을 때부터 이 두 길을 하나로 연결한다. 그에게 철학은 공연을 위한 소재가 되었다. 그는 블레즈 파스칼의 표현처럼 단순히 '철학을 조롱하며' 철학을 하지 않았다. 오히려 철학적 접근을 통해 죽음과 같은 심오한 주제를 다루면서 웃음을 만들어냈다. 결과적으로 퀴세는 웃음을 단순히 사유의 대상으로 삼는 것을 넘어 직접 경험하고 또한 다양한 방식으로 타인과 함께 공유했다.

결국, 터져 나오는 웃음은 철학적 놀라움과 맞닿아 있는 게 아닐까? 웃음은 언제나 예상치 못한 놀라움에서 비롯된다. 같은 맥락에서 농담이나 재치 있는 말에 '반전'이라는 표현을 쓴다.

덧붙여 말하자면, 고전적인 철학의 접근방식이 반드시 웃음을 배제하지는 않는다. 특히 반박을 목적으로 하면서도 엄청나게 웃음을 유발할 수 있는 역설적 논증의 경우가 그렇다. 예를 하나 들어보겠다. 니체는 '나를 죽이지 못한 것은 나를 더 강하게 만든다'고 했다. 즉, 죽지 않으면 더 강해진다는 말이다. 이 명제를 다른 경우에도 적용할 수 있을까? 예를 들어, 사람은 어리석다고 해서 죽지는 않는다. 그렇다면 사람은 어리석다는 이유로 강해져야 할 것이다. 하지만 이 명제는 거짓이다. 따라서 처음의 명제, 즉 '죽지 않으면 더 강해진다'도 거짓이다.

> 연기를 한다. 즉, 내가 아닌 타인을 표현하는 것을 의미한다. 그런데 우리는 철학자가 자신의 이름을 걸고 책임감 있게 말을 하기를 기대한다.

이브 퀴세

일반적으로 배우는 연기를 통해 다른 사람으로 분장하지만, 철학자는 자신의 진정성을 드러내야 한다는 기대를 받는다. 그래서 표면적으로는 두 가지가 조화를 이루기 어려워 보인다. 하지만 자세히 들여다보면 실제로 배우는 우선 그리고 무엇보다도 자기 자신과 거리를 두는 경험을 한다. 다른 사람이 되어 연기를 하려면 자기중심적인 사고에서 벗어나 시야를 확장하는 것이 중요하기 때문이다. 그리고 자기 자신으로부터 멀어지는 일은 철학자의 과업 중 하나다. 그러므로 웃음을 통해 우리는 사물로부터 거리를 둘 수 있는 것은 물론 우리를 둘러싸고 있는 모든 것을 색다르고 새로운 시선으로 사유하고 이해할 수 있게 된다. 같은 맥락에서, 철학을 하고 사물의 의미에 대해 질문을 제기할 때 반드시 냉정하고 초연한 태도를 유지해야 하는 것은 아니다.

한 걸음 더 나아가기

코미디언의 작업과 철학자의 작업은 둘 다 놀라움을 유발한다. 하지만, 이 놀라움은 서로 반대 방향으로 작용한다. 코미디언이 만들어내는 놀라움은 어떤 과정을 거쳐 전달되는 결과다. 우리는 콩트나 농담을 들은 후에 웃고, 놀라워한다. 그런데 철학자가 느낀 경이로움에서 비롯된 놀라움은 사유의 출발점이 된다. 사유를 촉발하는 것이 바로 이러한 경이로움이다. 즉, 코미디언에게 '반전'은 결론이다. 하지만 철학자에게는 시작이다.

이브 퀴세

깊이
파고들기

앙리 베르그송, 『웃음』, 정연복 옮김, 문학과지성사, 2006.

이브 퀴세, 『대역』, 파리, 르 자르댕 데세, 2005.

이브 퀴세, 『태어나지 않기 N'être pas né』, 파리, 라 리브레리 테아트랄, 2014.

이브 퀴세, 『웃음: 철학적 코미디론 Rire: Tractatus philocomicus』, 파리, 플라마리옹, 2016.

이브 퀴세, 『한 번에 인생 성공하기 Réussir sa vie du premier coup』, 파리, 플라마리옹, 2019(2023년 리토스 출판사에서 문고판으로 재출간).

블레즈 파스칼 (1623~1662)

대중교통 사업가

"인간의 움직임과 영혼에
체계적인 질서를 세우다"

얀센주의 철학자 블레즈 파스칼은 신앙으로 통하는 길뿐만 아니라 뤽상부르 정원에서 루아얄 광장으로 향하는 길에도 관심을 가졌다.

1662년 파스칼 덕분에 파리에서 최초의 대중교통 시스템이 탄생했다. 바로 '다섯 솔(당시 화폐 단위) 마차'로 어떤 의미에서는 오늘날 파리대중교통공사(RATP)의 전신이라고 할 수 있다. 다방면의 천재로 산술 기계와 초기 기계식 계산기를 발명하기도 한 파스칼은 또한 철학자이자 공학자로 우리가 도시에서 일상적으로 이용하는 교통에도 혁신을 가져왔다.

블레즈 파스칼

매우 정교한 기술적 장치로 만들어진 계산기와 달리 다섯 솔 마차의 발명은 비교적 간단했다. 17세기에 이미 도시를 오가는 마차가 정기적으로 운행되고 있었다. 여기에 파스칼은 아주 단순하고도 새롭고 기발한 발상을 더했다. 이 운행 체계를 도시 내부 이동에 맞게 변형해 대중교통 시스템에 적용했다. 당시 다섯 개의 교통 노선이 운영되었으며, 매일 오전 7시부터 오후 8시까지 운행되었다. 파리 시민들, 적어도 부유한 중산층은 생 로크에서 현재의 보주 광장인 루아얄 광장까지, 또는 루아얄 광장에서 뤽상부르 정원까지 이동할 수 있었다. 다만 그때에도 정거장은 존재하지 않았으므로 승객은 마부에게 손짓을 해야 했다. 마차는 두 마리의 말이 끌었고 최대 여덟 명까지 태우고 이동할 수 있었다.

> 얀센주의자면서 금욕주의자, 그리고 모럴리스트이면서 종교 철학자인 동시에 수많은 과학 개론의 저자이기도 한 파스칼은 공학자이면서 발명가로서도 대단한 활약을 했다.

실제로 파스칼의 수많은 활동이 그의 신학 및 종교적

사유를 포함해 철학적 사상과 긴밀한 관계가 있었다. 수학자이면서 최초의 계산기를 고안해 낸 발명가인 그는 또한 신을 믿어야 하는 수학적 근거를 제시한 '파스칼의 내기'라는 유명한 변증론을 주장한 인물이기도 하다. 비용, 이점, 위험을 계산하는 뛰어난 사업가로서 파스칼은 확률 계산을 활용하여 신을 믿는 것이 합리적이며 오히려 이득이라는 사실을 증명했다. 그에 따르면, 우리는 신을 믿기만 하면 무조건 이득이다. 신이 존재하지 않는다고 해도 신을 믿어서 손해 볼 일도 전혀 없다. 그런데 만약 신이 존재하는데 우리가 신을 믿지 않는다면 무엇보다도 죽은 뒤의 구원을 포함해 모든 것을 잃게 되는 셈이다···.

> 파스칼은 알쏭달쏭하고 복잡한 면모를 지닌 인물이다. 자신의 삶을 신에게 온전히 바친 열렬한 기독교 신자이면서 경제학자처럼 계산을 통해 논리를 전개한다는 역설에서 이러한 부분이 잘 드러난다.

그는 다섯 솔 마차의 발명으로 큰 성공을 거두며 어마어마한 부를 거머쥐었는데, 으레 사회에서 신앙인에게 기대하는, 물질적 부와 거리를 두는 이미지와는 잘 맞지 않았다. 더욱 역설적이게도 공학자이자 사업가인 파스칼은 자신의 프로젝트를 상업적으로 성공시키기 위해 고심하며 직접 홍보에 나서기도 했다. 카피라이터로서 오늘날의 실력 있는 마케터에 견줄만한 감각을 발휘해, 자신이 고안한 대중교통 시스템을 홍보하기 위한 광고 게시물을 제작했다. '어디에서든 어디로든 갈 수 있도록'이라는 문구를 파리 곳곳에서 볼 수 있었다. 파스칼은 이와 같은 표현력과 소통의 감각으로 6년 전에도 『시골 친구에게 보내는 편지』[9]를 발표하며 큰 반향을 불러일으켰다. 이 서한 모음집은 예수회의 신학과 도덕성을 정면으로 비판한 강력한 여론전이었다고 해도 과언이 아니다. 하지만 이러한 역설의 양면성은 한 가지 관점에서 이해될 수 있다.

파스칼이 추구하던 목표는 바로 삶을 더욱 단순하게 만들거나 적어도 더욱 논리적으로 만드는 것이었다. 이러한 맥락에서 자신이 발명한 산술 기계로 계산을 더욱 쉽게 만들고, 다섯 솔 마차로 사람들의 이동을 편리하게 만들고, 라틴어가 아닌 프랑스어로 글을 써 자신의 사상을 더욱 많은 이들이 이해할 수 있게 했다.

"신앙의 길을 걷고자 하면서도 그 길을 알지 못하는가?" 파스칼은 신을 믿지 않는 자에게 이렇게 묻는다. 그리

---

[9] 편집자 주 - 블레즈 파스칼, 『시골 친구에게 보내는 편지』, 안혜련 옮김, 나남출판, 2011.

고 이 문제를 해결하기 위해 『팡세』의 저자로서 '내기'를 제안한다.

"소르본에서 생탕투안 거리까지 가려는가?" 파스칼은 아마도 파리 시민들에게 이렇게 물을지도 모른다. 그는 이 문제를 해결하기 위해 일찍이 대중교통 시스템을 발명했다.

> **한 걸음 더 나아가기**
>
> 이동을 편리하게 하기 위해 길을 내고, 도덕적으로 올바른 삶을 살도록 신앙을 권하는 것은 결국 언제나 인간의 움직임에 일정한 질서를 부여하려는 노력이다. 블레즈 파스칼은 다섯 솔 마차로 육체의 움직임을, 신앙으로 영혼의 움직임을 이끌고자 한 것이다.

블레즈 파스칼

깊이
파고들기

에릭 룬드발, 『다섯 솔 마차: 사업가 파스칼Les Carrosses à cinq sols: Pascal entrepreneur』, 장 메나르 서문, 파리, 에디시옹 시앙스 앵퓌즈, 2000.

블레즈 파스칼, 『전집』 제4권, 장 메나르 편집, 파리, 데클레 드 브루베르, 1992, 다섯 솔 마차 관련 전체 자료 수록, 1,374~1,439쪽.

루키우스 안나이우스 세네카
(기원전 4~기원후 65)

황제의 친구

"기꺼이 예리하면서도 사려 깊은
네로 황제의 조언자가 되다"

세네카는 로마 제국 시대의 스토아 철학을 대표하는 저명한 철학자로, 네로 황제의 고문을 맡으며 권력의 이면을 경험했다.

기원전 4년 로마령 히스파니아 코르도바의 부유한 중산층 가정에서 태어난 세네카는 파란만장한 삶을 살았다. 젊은 시절에는 병에 시달리고 우울증을 겪었고, 치료를 위해 이집트로 떠났다가 그곳에서 6년을 보냈다. 그런 다음 로마로 돌아와 정계 인사들과 교류했다. 40세에 그는 칼리굴라 황제의 누이와 간통했다는 혐의로 코르시카에 유배되었다. 49세에 로마로 돌아와서는 훗날 황제가 될 네로의 가정교사가 된다. 후에 세네카는 네로 황제의 '친구', 즉 고문 역할을 맡는다.

세네카의 생애는 놀라움의 연속이었다. 마지막에 황제의 신임을 잃고 몰락해 스스로 목숨을 끊어야 했던 일을 제외하고 그의 인생은 대부분 비극과는 정반대로 흘러갔다. 비극에서 주인공은 행복한 삶에서 불행한 삶으로 내몰리는 것과 달리 세네카는 질병, 유배 그리고 좌절된 야망으로 점철된 어두운 시기를 지나 '왕자의 친구'라는 영예로운 직책을 맡으며 빛을 보게 된다.

사실 빛이라고 하기에 황제의 고문은 오히려 그림자 속에서 움직인다. 황제가 결정을 내리는 데 방향을 제시하고, 올바른 판단을 내릴 수 있도록 돕는 일은 그의 첫 역할이었던 가정교사나 철학자로서의 위치와 그다지 다르지 않았다. 가정교사, 철학자, 왕자의 친구라는 세 가지 역할에서 그는 언제나 판단을 내리고 서로 다른 관점을 대조해 가장 합리적인 이성적 근거를 찾도록 노력해야 했다. 하지만 이성적인 판단을 내리는 게 이 세 가지 역할의 전부는 아니었다. 실질적인 개입도 필요했다. 아이를 교육시키고, 감정 기복이 심하기로 유명한 폭군의 격정을 누그러뜨리는 것은 결국 보이지 않는 곳에서 흥분을 가라앉혀 최악의 사태를 막는 일이기도 했다.

> 황제의 고문이라는 직업은 스토아 철학자에게는 특히나 이례적이다. 일반적으로 스토아학파에서는 혼란의 씨앗이 될 만한 모든 것에서 거리를 두도록 권하기 때문이다.

인간사 중에서 번뇌와 격동을 피할 수 없는 영역 중 하나는 바로 정치다. 그런데 스토아주의는 매우 확고한 원칙을 기반으로 삼는다. 행복에 다다르고, 아타락시아, 즉 동요 없이 고요한 마음의 평온에 이르기 위해서는 '우리에게 달려 있는 것 ta éph' hēmin'에만 집중하고, '우리에게 달려 있지 않은 것 ta ouk éph' hēmin'은 전부 끊어내야 한다고 본다.

세네카의 경우 이 원칙이 두 가지 이유로 흔들렸던 것 같다. 첫 번째로, 정치는 우리에게 달려 있지 않은 것, 즉 사회·경제적 상황, 내부적인 위협, 잠재적인 분쟁 위험과 전쟁 등에 개입하는 기술이라는 점. 두 번째로, 황제에게 조언을 하는 고문은 곧 타인의 의지에 영향을 미치기 위해 노력해야 하는 역할이라는 점에서 그렇다.

하지만 다른 각도에서 보면 고문이라는 직책은 세네카

의 철학과 완벽하게 어울린다. 이 사실은 그가 루킬리우스에게 보내는 38번째 서한에서 제시한 철학의 정의에서도 드러난다. 그는 "철학이란 훌륭한 조언이다"[10]라고 썼다.

훌륭한 조언은 단순히 적절한 의견을 제시하는 것만을 의미하지 않는다. 올바른 조언을 할 때에는 적절한 어조를 사용해야 한다. 좋은 조언을 하려면 말을 아낄 줄 알아야 하는 것이다. 따라서 불필요한 말을 줄이고 흥분하지 않는 태도가 필요하다. 세네카가 쓴 글에 따르면 "좋은 조언은 결코 큰 소리가 나는 법이 없다." 내용만큼이나 형식도 중요하다. 조언의 가치는 그 효과로 평가된다. 적합한 조언이라도 실행되지 않으면 좋은 조언이라고 할 수 없다. 세네카가 38번째 서한에서 썼듯이, "말은 많이 하기보다는 효과적이어야 하며 그래야 더 쉽게 마음에 스며들고 깊이 새겨진다."[11]

따라서 세상의 동요로부터 거리를 둔다고 해서 삶에서 벗어난다는 뜻은 아니다. 오히려 네로 황자의 친구였던 세네카는 자신의 지혜와 더불어 당대의 사회·정치적 상황을 예리하고 민첩하게 파악할 줄 아는 능력을 활용해 더욱 사려 깊은 조언자로 활약했다. 그는 인간의 본성과 그것을

---

[10] 루키우스 안나이우스 세네카, 『세네카의 대화』, 김남우 옮김, 까치, 2016.

[11] 앞의 책.

집어삼키는 욕망에 대해 잘 알고 있었다. 이러한 통찰은 단순한 이론이 아니라 자신의 정치 경험을 통해 축적한 지식이었다.

> 세네카는 단순히 정치에 관여한 인물이 아니라, 정치에 대해 사유한 철학자이기도 하다.

흔히 세네카의 철학은 윤리적이고 도덕적인 측면으로만 요약된다. 그러나 그는 『자연 탐구Naturales Quaestiones』라는 물리학 논문을 집필하기도 했으며, 이 논문에서 예를 들어 지진과 같은 자연의 질서를 어지럽히는 듯한 현상들을 분석했다. 그의 정치적 저술 가운데 특히 『은혜에 대하여De Beneficiis』는 로마 사회에서의 사회적 관계를 철학적으로 고찰한 책이다. 또한 그는 『아포콜로킨토시스Apocolocyntosis』의 저자로 알려져 있는데, 이 작품은 클라우디우스 황제의 악행을 신랄하게 풍자한 내용을 담고 있으며, 황제가 사망한 후 발표되었다. 훗날, 이 글을 장자크 루소가 번역했다. 이 신조어는 로마어 '콜로신스colocyntha'에서 유래한 것으로 추정되며, 이 단어는 주로 물통을 만드는 데 사용되는 식물인 조롱박을 의미한다. 굳이 이해하려고 노력할 필요도 없이, 이 비유는 그다지 좋은 뜻은 아니다⋯.

그의 주요 작품인 『루킬리우스에게 보내는 도덕 서한 Epistulae Morales ad Lucilium』이 그의 삶의 말년에, 정치계에서 물러난 이후 집필되었다니, 인상적이다. 역사학자 폴 베인이 제시하는 흥미로운 해석에 따르면, 이 저서는 당시 정치 체제에 대한 '은유적 비판을 담을 글'로 간주된다.

> ### 한 걸음 더 나아가기
>
> 세네카는 위대한 스토아 철학자로, 어머니 아그리피나와 이복형제 브리타니쿠스를 살해한 네로 황제에게 조언을 하는 고문 역할을 맡을 수밖에 없었다. 그는 주어진 운명에 순응하며 도망치지 않고 끊임없이 네로 황제가 이성을 되찾도록 했다. 이러한 노력이야말로 스스로 끝까지 이성을 지키는 그만의 숭고한 방식이었다.

깊이

파고들기

스테판 브누아, 「세네카 작품에서의 사회적 관계: 도시 속 인간 Les rapports sociaux dans l'œuvre de Sénèque: l'homme dans la cité」, 미셸 몰랭 편집, 『고대 사회의 규범 Les Régulations sociales dans l'Antiquité』, 렌대학교출판부, 2006, 55~70쪽(온라인 자료).

장미셸 크루아지유, 「세네카와 네로 Sénèque et Néron」, 『비타 라티나 Vita Latina』, 제140호, 1995, 2~12쪽.

루키우스 안나이우스 세네카, 『대화록 그리고 루킬리우스에게 보내는 편지 Entretiens, Lettres à Lucilius』, 폴 베인 편집, 파리, 로베르 라퐁(부캥 총서), 1993, 폴 베인의 긴 서문.

매튜 크로포드 (1965~)

정비공

"고장난 오토바이를 고치듯
삶의 문제를 바라보고 해결하다"

매튜 크로포드는 오토바이를 수리하며 심도 있는 철학책을 쓰는 철학자다. 이 두 활동은 유기적으로 긴밀하게 맞물려 있다. 물리적 문제와 마주하는 과정을 통해 지적 사고를 가장 예리하게 다듬을 수 있다.

관념과 펜치, 드라이버를 번갈아 던지고 받아내며 균형을 잃지 않고 저글링하기. 이것이 바로 미국 철학자 매튜 크로포드의 일상이다. 물리학을 공부하고, 정치철학 박사 학위를 받은 크로포드는 워싱턴에 있는 싱크탱크의 대표로 발탁되어 일한 적 있다. 정치와 경제 두 분야를 아우르는 기관에서 이 철학자는 따분함을 느꼈다. 심지어 그는 스스로가 쓸모없게 느껴졌고 자신이 '추상적 개념'이라고 부르는 실체 없는 것들을 다루며 시간을 낭비하고 있다는 생각을 했다. 그런데 『손으로 생각하기』[12]에서 썼듯이 "추상적인 개념만 주물러서는 진정한 사유에 도달할 수 없다."[13] 그에 따르면 효율성과 관리 중심의 사고방식이 모든 분야에서 체계화되면서 지적 노동의 가치가 훼손됐다. 이는 테일러주의가 확산되면서 손을 쓰는 직업이 타격을 받고 쇠퇴한 결과와 비슷하다.

결국 크로포드는 깨끗하게 정돈된 사무실을 떠나 정비소를 열기로 결심했다. 오토바이나 자동차를 수리하면서 현실과의 관계를 다시 회복해 나갔다. 삶의 다양한 문제들에 맞서고, 온몸으로 부딪혀 문제를 해결하는 과정은 고난을 극복해 나가는 구체적인 길이다. 이러한 점에서 정비공이라는 직업은 현실을 주체적인 태도로 충실히 살아내기 위한 모든 조건을 충족한다. 그의 일상은 고장 나고, 멈추고, 망가진 것들과 끊임없이 마주하는 과정 그 자체이기 때문이다.

이러한 문제들은 정비공이 비교적 쉽게 해결할 수 있

---

12 매튜 크로포드, 『손으로, 생각하기』, 윤영호 옮김, 사이, 2017년.

13 인용은 2010년 파리 라 데쿠베르트 출판사에서 나온 『손을 쓰는 노동에 대한 찬사: 노동의 의미와 가치에 대한 에세이Shop Class as Soulcraft: An Inquiry into the Value of Work』 55쪽 참조.

다. 마모된 브레이크 패드를 교체하는 일쯤은 크게 어렵지도 않다. 하지만 더 까다로운 문제들과도 맞닥뜨리며, 중요한 결정을 내려야 할 때도 있다. 매튜 크로포드는 엔진에서 오일이 새는 경우를 예로 든다. 이 문제는 크랭크실에 누유가 발생하는 정도로 비교적 사소할 수도 있지만, 이로 인해 엔진을 완전히 분해해야 할 정도라면 상황은 훨씬 심각해진다. 이런 경우 크로포드가 그랬듯, "차라리 포기하고 고장 난 오토바이를 부품 저장고로 써먹는 편이 낫다."[14]

> 정비공의 일은 우선 문제의 본질을 파악하는 데서 시작된다. 그런 다음 진단을 내리고, 마지막으로는 가설을 세우고 해결책을 제시해야 한다.

우리 중 대다수가 어떤 물건이 고장 났을 때 어쩔 줄 모른다. 그럴 때면 스스로가 얼마나 무능력한지 실감한다. 물질세계가 우리에게 저항해 온다. 운전을 하며 도로 위에서 느낄 수 있었던 힘에 대한 환상, 즉 심리적 통제감은 부품 고장 등 아주 사소한 문제라도 생기면 그 즉시 현실의 시련에 부딪쳐 흔적도 없이 흩어지고 만다. 바퀴에 구멍만

---

[14] 앞의 책, 136쪽.

나도 우리는 속수무책이다. 크로포드에 따르면 이와 같이 무력한 상황은 우리가 세계와 맺는 관계에 대해 한 가지 사실을 알려준다. 무언가를 사용하고, 소비한다고 해서 그것을 능숙하게 다룰 줄 안다는 것은 아니라는 점이다. 진정한 능력이란 우리가 사용하는 물건을 직접 관리할 수 있을 때 비로소 드러난다. 그렇다고 해서 자신의 오토바이나 자동차가 멀쩡한 상태일 때에만 애지중지 아끼며 돌보는 것이 관리의 전부는 아니다. 고장이 났을 때 직접 수리할 수 있어야 비로소 '제대로' 관리한다고 할 수 있다.

크로포드가 모두가 당연히 자신의 자동차를 수리할 줄 알아야 한다고 나무란다고 생각하면 오해다. 만약 그렇다면 자신의 정비소 문을 닫아야 할 것이다. 다만 그는 우리가 세상과 맺는 추상적인 관계를 비판하고자 한다.

> 오늘날 소비주의와 지식 경제가 결합하면서 손을 쓰는 직업을 경시하고 고학력을 높이 평가하는 경향이 커졌다. 그 결과 사람들은 사물을 직접 만지고, 조작하고, 그 반응에 주의를 기울이며 형성되는 관계에서 점점 멀어지게 되었다.

매튜 크로포드

우리가 사물과 맺는 관계는 그저 소비에 한정되어 버렸다. 만약 쓰던 물건이 더 이상 작동하지 않으면 고쳐 쓰기보다 쉽게 새것으로 바꿔버리고 만다. 사물이 고장 나 더 이상 작동하지 않을 때, 바로 그 순간에 사물에 관심을 갖는 정비공과 달리 보통의 소비자는 오직 사물이 정상적으로 움직일 때에만 관심을 가진다.

크로포드에 따르면, 사물에 대한 수동성과 의존성이 우리를 '바보'로 만드는 데 일조한다. 지능이 발달하려면 물질과 직접 접촉하고, 이를 탐색하려는 경험이 필요하다. 크로포드는 모두가 정비공이 되어야 한다고 부추기는 것이 아니다. 오히려 우리에게 주변 환경 즉 우리가 몸담고 변화에 적응하며 살아가는 물질적 세계와 다시 연결되어야 한다고 권장한다. 어떤 활동을 하는지는 중요하지 않다! 오토바이를 수리하든, 니트 스웨터를 뜨든, 정원에 작물을 키우든, 이러한 활동에는 공통점이 있다. 우리가 주변 환경에 민감하게 반응하고 삶의 주체로서 살아가게 만든다는 점이다. 특히 손으로 하는 활동, 예를 들어 오토바이를 수리하는 일에 관심을 쏟으면 다른 일들의 가치까지도 폭넓게 인식하게 된다. 그렇기에 정비공은 시계 수리공과 농부가 하는 일의 가치를 잘 알고 있다.

더 나아가 매튜 크로포드는 '수리와 유지 보수의 윤리'를 강조한다. 바로, 우리의 존재 방식과 깊이 관련된 문제로 그의 저서 『접촉』의 프랑스어 번역판 부제를 빌려 표현하자면 궁극적으로 '우리가 잃어버린 세계를 되찾는 것'을 목표로 한다.

매튜 크로포드에게 철학은 실천의 영역과 결합할 때 더욱 큰 의미를 가진다.

정비공이자 철학자인 그는 철학적 사유를 그 본래의 출발점으로 되돌린다. 바로 경험 말이다. 크로포드는 이론적 학문과 실용적 기술을 각각 인정하면서 두 영역의 전통적인 대립을 비판한다. 여기서 한 걸음 더 나아가 실용적 기술 또한 사고의 작용을 필요로 한다고 주장한다. 문제의 본질을 이해하는 감각, 사물의 저항을 진지하게 받아들이는 태도 그리고 집중력이 지닌 인지적 우위, 이 모든 요소는 어떤 면에서 오토바이 수리를 철학적인 활동으로 이끌어 간다.

정비공인 그는 오토바이를 수리하면서 사물을 관리할 뿐만 아니라 스스로를 보살피고 자신이 세계와 맺은 관계를 돌본다.

매튜 크로포드

> **한 걸음 더 나아가기**
>
> 머릿속에서만 사고하기보다는 물리적인 세계와 마주하며 실제로 손을 사용할 때 사고가 더욱 확장되고, 깊어진다. 따라서 진정한 철학자는 은둔 속에 고립된 현자가 아니라 정비소에서 기름때를 묻히며 사유하는 사람이다.

깊이
파고들기

매튜 크로포드,『손을 쓰는 노동에 대한 찬사: 노동의 의미와 가치에 대한 에세이』, 마크 생튀페리 옮김, 파리, 라 데쿠베르트, 2010.

매튜 크로포드,『접촉: 우리는 왜 세계를 잃어버렸고, 어떻게 되찾을 것인가?The World Beyond Your Head?: On Becoming an Individual in an Age of Distraction』, 마크 생튀페리, 크리스토프 자케 옮김, 파리, 라 데쿠베르트, 2016.

매튜 크로포드,『운전하는 철학자』, 성원 옮김, 시공사, 2022년.

에밀리 뒤 샤틀레 (1706~1749)

물리학자

"왜곡된 세상을 과학의 렌즈로 번역하고
학문의 올바른 방향성을 제시하다"

샤틀레 후작 부인이라고 하면 주로 볼테르의 동반자이자 뉴턴의 『자연철학의 수학적 원리 Philosophiæ Naturalis Principia Mathematica』를 번역한 인물로 유명하다. 하지만 이제는 일반적으로 알려진 모습 뒤에 숨겨져 있던 철학자이자 중요한 과학서를 남긴 에밀리 뒤 샤틀레에 대해 파헤쳐 볼 시간이다.

에밀리 뒤 샤틀레는 뉴턴의 『자연철학의 수학적 원리』역자로 관심을 불러 모았고 때로는 볼테르의 연인이었다는 이유로 주목받기도 했다. 전통에 따라 뒤 샤틀레 후작 부인이라고 불렸을 때는 마치 그녀의 독창성과 개성이 가려지는 듯하지만, 사실 '에밀리'라는 이름의 존재로서 다수의 저작을 남겼다. 1740년에 출간된 『물리학 입문Institutions de Physique』, 그녀가 세상을 떠나고 50년 뒤인 1779년에 발표된 『행복에 대한 담론Discours sur le bonheu』, 『색채론Traité de la couleur』, 『귀 해부학Anatomie de l'oreille』, 그리고 『눈 해부학Anatomie de l'œil』 등이 있다.

샤틀레의 작업을 단순히 번역 활동으로만 한정해 버리면 그녀의 작업 세계를 제대로 이해하지 못할 뿐만 아니라 번역 방식에 대해서도 오해하게 된다. 샤틀레의 번역은 타인의 글을 충실히 옮기는 것 이상으로, 책의 저자와 대화를 나누는 과정이기도 했다.

> 뉴턴의 저작을 번역하면서 그녀는 그의 앞에서 자신을 지우기는커녕, 학문적으로 해박하고 통찰력 있는 대화 상대로 당당히 나섰다.

에밀리 뒤 샤틀레의 과학철학은 과학 역사에서 철저하게 분리되어 대립했던 두 사상의 흐름을 결합했다는 점에서 두드러진다. 하나는 형이상학 그중에서도 라이프니츠의 이론이고 다른 하나는 '히포테세스 논 핀고hypotheses non fingo', 즉 '나는 가설을 세우지 않는다'는 원칙에 따라 가설 설정을 거부한 뉴턴의 물리학이다.

이에 대해 에밀리 뒤 샤틀레는 자연 현상을 연구하는 물리학이 형이상학에서 유래한 몇 가지 원리를 필요로 한다는 사실을 입증하며, 그중에서도 라이프니츠가 정립한 충분이유율의 도움을 받아야 한다고 주장한다. 이 원리에 따르면 모든 결과는 원인에 의해 설명되고, "모든 일에는 반드시 충분한 이유가 있으며, 그 이유를 통해 왜 다른 방식이 아니라 하필 그 방식으로 일이 발생했는지 설명이 가능해야 한다."[15]

소위 숙적으로 여겨지는 라이프니츠와 뉴턴은 생각만큼 대립적이지는 않다. 진리를 탐구하려면 경험과 관찰을 활용하는 동시에 합리적인 지성에 기반해 가설을 세우고 이를 현실에서 검증하는 과정도 필요하다. 그녀가 자신의 저서 『물리학 입문』에서 밝힌 바와 같이 과학은 가설 없이 성립할 수 없다. 건축 중인 집에 임시 구조물을 설치하듯, 과학도 가설이 필요하다. 가설은, 비유하자면 사고를 지탱하는 받침대와 같다.

---

[15] 고트프리트 빌헬름 라이프니츠·아르노, 『라이프니츠와 아르노의 서신』, 이상명 옮김, 아카넷, 2015; 인용은 1970년 파리 브랭 출판사에서 나온 「아르노에게 보내는 편지Brief an Arnauld」(1686년 7월 14일자), 『형이상학 담론 및 아르노와의 서신집Discours de métaphysique etcorrespondance avec Arnauld』 122쪽 참조.

에밀리 뒤 샤틀레는 과학과 과학적 방법의 원리를 정의하는 데에도 힘을 쏟았다. 그녀의 접근 방식은 과학적이면서 동시에 인식론적이다.

과학성의 조건을 정의하는 것은 연구를 시작하기 전에 방향을 설정하는 일이며, 이 과정을 통해 이후 본격적으로 연구에 참여할 수 있게 된다. 진리를 찾으러 떠나기 전에 연구의 방향을 설정할 방법론을 먼저 정해야만 한다. 그녀의 접근 방식은 처음부터 끝까지 철학적이다. 샤틀레는 단순히 과학철학자가 아니라, 온전한 의미에서 철학자다. 『물리학 입문』의 '들어가면서' 부분에서 그녀는 자신이 '파벌 정신'이라고 부르는 태도를 비판하고 나선다. 파벌 정신은 특정 입장과 사상에 갇혀 스스로를 고립시키는, 지성적이라기보다는 오히려 반反지성적인 태도를 의미한다. 스스로 사고하는 능력이 요구되던 시대, 에밀리 뒤 샤틀레는 한 발 더 나아가 모든 형태의 교조주의와 권위주의를 단호하게 거부했다. 진리에는 이름표가 붙어 있지 않고, 그것이 뉴턴의 이름일지라도 예외는 아니다. 과학의 보편성은 애국심을 이유로 특정 과학자의 입장을 지지하는 태도를 배제한다. 이성에는 국경이 없다. 덧붙이자면 진리에는 성

별도 젠더도 상관없으며 과학 연구를 비롯한 모든 분야에서 여성들 역시 정당한 자리를 차지할 권리가 있다.

하지만 스스로 사고한다는 것이 꼭 홀로 사고한다는 뜻은 아니다. 오히려 정반대로, 앞선 세대의 사상가들을 되돌아보고 동시대인들과 끊임없이 대화를 나누는 노력을 전제로 한다. 그런 맥락에서 샤틀레는 여러 사상가들의 생각을 체계적으로 요약해 정리했을 뿐만 아니라 자신의 사상을 더욱 견고하게 구축하기 위해 고트프리트 빌헬름 라이프니츠, 크리스티안 볼프, 아이작 뉴턴 등 번역 과정에서 책을 통해 들여다본 모든 사상가의 학문적 결과물들을 비판적으로 논의하고 탐구했다. 그녀의 글에 따르면 형편없는 책에서조차 유익한 점을 찾아낼 수 있고 마찬가지로 아무리 훌륭한 책이라도 항상 취약한 부분이 존재하기 마련이다.

에밀리 뒤 샤틀레는 파벌적 사고에 맞서 이성적 사고를 내세웠다. 그러나 그녀가 활동하던 당시 사회는 평등과 자유를 핵심 가치로 내세우면서도 정작 여성들에게 이성적 사고와 학문에 참여할 기회를 허용하지 않았다.

한 걸음 더 나아가기

학문과 사상의 역사에서 남성들이 여성들을 투명 인간 취급하고, 여성들의 목소리를 억눌러온 성별의 오만은 특히 샤틀레의 경우에 오히려 그녀가 얼마나 훌륭한 사상의 개척자이자 철학자이며 탁월한 학자였는지 반증한다.

샤틀레의 눈부신 존재감은 당대의 지식인 남성들이 존재감을 잃을 정도였다. 지금이야말로 그 어떤 편견도 없이, 오직 이성만으로 그녀의 목소리에 귀를 기울일 때다.

에밀리 뒤 샤틀레

깊이
파고들기

에밀리 뒤 샤틀레, 『물리학 입문』(1740), 파리, 뒤노, 2005.

아이작 뉴턴, 『자연철학의 수학적 원리』, 에밀리 뒤 샤틀레 옮김, 미셸 툴몽드 편집, 페르네 볼테르, 18세기 국제 연구 센터, 2015.

안리즈 레이, 「라이프니츠-뉴턴주의: 18세기 전반에 형성된 복합적 자연철학―가설과 실험 사이에서의 에밀리 뒤 샤틀레의 방법 eibnizianisme-newtonianisme: Une philosophie naturelle composite au début du XVIIIe siècle — La méthode d'Émilie du Châtelet entre hypothèse et expérience」, 『18세기 Siècle XVIII』, 제45호, 2013, 115~129쪽.

안리즈 레이 엮음, 「에밀리 뒤 샤틀레, 과학철학자 Émilie du Châtelet, philosophe des sciences」 특별호, 『과학사 저널』, 제74권 2호, 파리, 아르망 콜랭, 2021.

미셸 드 몽테뉴 (1533~1592)

시장

> "한 발짝 거리 두는 태도로
> 현명하게 정세를 파악하고 다스리다"

『에세』의 저명한 저자 미셸 드 몽테뉴는 원하지 않았음에도 1581년부터 1585년까지 보르도 시장직을 맡았다. 그는 공직에 완전히 헌신하는 삶을 거부하면서도 자신이 뒷방이라고 부르던 내면의 자유로운 공간을 지키기 위해 시장으로서 자신의 역할을 성실하게 수행했다.

1581년 8월 1일, 몽테뉴는 약 4만 명의 인구가 거주하며, 프랑스에서 다섯 번째로 큰 도시였던 보르도의 시장으로 뽑혔다. 당시 지방 선거는 두 단계로 진행됐다. 먼저 시장은 귀족, 부르주아, 법조인(변호사 및 사법관)을 대표하는 시정관 여섯 명의 투표를 통해 선출됐다. 그런 다음 프랑스 국왕, 당시에는 앙리 3세가 시장을 공식적으로 임명하면서 선거 결과를 승인했다.

하지만 보르도 시장으로 선출된 몽테뉴의 선거 과정은 평범하지도 일반적이지도 않았다. 당시 몽테뉴는 당선되기 위한 선거 운동을 하지 않았으며, 시장이 되고 싶다는 마음도 전혀 없었다. 오히려 개인적으로 대사가 되고 싶다는 야망을 품고 있었는데, 그가 잠시 프랑스를 떠나 있는 사이에 의지와 상관없이 시장으로 당선된 것이다. 몽테뉴는 시장이 될 생각이 조금도 없었기 때문에 선출될 당시 이탈리아에 있었다. 당시에 서둘러 귀국할 마음이 들지 않았던 그는 보르도로 향하는 1,550km의 거리를 말을 타고 45일에 걸쳐 이동했다. 보통이라면 그 절반의 시간으로도 충분히 도착할 거리였다.

몽테뉴와 대조적으로 시정관들은 확신을 갖고 만장일치로 그를 선출했다. 특히 국왕인 앙리 3세는 한층 더 단호한 태도를 보였다. 1581년 11월 25일, 몽테뉴가 마침내 집으로 돌아와 열어본 국왕의 서신에는 시장직을 맡으라는 명령이 담겨 있었다. 프랑스 국왕의 명령을 거역할 수는 없는 법이다. 결국 몽테뉴는 원하지 않았음에도 이 직책을 받아들이게 되었다. 여기서 '직책'이라는 단어는 '책임'과

'부담'이라는 의미를 모두 포함한 단어로 이해해야 한다.

> 『에세』에서 몽테뉴는 보르도 시장직을 맡았던 당시, 해당 직책이 자신의 본성과 맞지 않았다고 말한다. 그는 당시 경험을 두고 이렇게 적었다. "시장님과 몽테뉴는 항상 확실히 구별되는 다른 두 존재였다."[16]

위와 같은 몽테뉴의 구분은 오늘날 우리가 말하는 공과 사의 분리와는 다른 의미로 받아들여야 하는데, 공적 업무와 시 행정에 대해 내면적으로 거리를 두는 태도를 나타낸다. 여기에서 거리두기는 보르도시를 두고 그가 취한 행동에서도 구체적으로 드러난다. 그는 몇 달 동안 보르도에서 거주하기를 거부하고 대신 약 42km 떨어진, 말을 타고 다섯 시간이 걸리는 거리에 위치한 자신의 성에서 머무르기를 택했다.

시장직에 대한 이러한 무관심은 그가 평소 스스로에게 요구하던 높은 수준의 책임감 및 성실성 기준과 모순되는 듯 보인다. 그럼에도 몽테뉴는 1583년에 다시 시장으로 선출됐고 결국, 두 차례에 걸쳐 시장직을 맡았다. 첫 번째 임기는 1581년부터 1583년까지로 비교적 평온했지만, 두 번

---

[16] 미셸 드 몽테뉴, 『에세』, 제3권, 제10장, 오타게 게이 엮음, 김지낭 옮김, 삼호미디어, 2004; 인용은 2004년 파리 프랑스대학출판부에서 나온 빌레 소니에 판 1012쪽 참조.

째 임기는 1583년부터 1585년까지로 개신교도와 가톨릭 교도 간의 종교 갈등이 심화되면서 더욱 복잡한 상황에 놓이게 되었다. 몽테뉴는 가톨릭 신자였지만 여러 개신교도들과 가까운 사이이기도 했다. 그의 형제, 자매 중에도 가톨릭 신자와 개신교 신자가 모두 있었다. 이처럼 당시 시대적 배경을 고려할 때 이례적인 가정환경 덕분에 몽테뉴는 종교적으로 극단적인 태도를 보이지 않았던 것으로 보인다. 그토록 혼란스러운 시기에 몽테뉴가 시장으로 있던 도시는 긴장 상태에서 벗어나 타협점을 찾을 수 있었다. 그의 시장 활동은 종교적으로 대립하는 집단들을 중재하는 데 국한되지 않았다. 그는 당시 '회계 관리^{Contablerie}'라는 우아한 표현으로 불리던 업무, 곧 공공 재정을 관리해야 하는 행정가이기도 했다. 보르도는 항구 도시로 경제활동이 상품 유통에 크게 의존하고 있었고, 그런 상황에서 몽테뉴가 다뤄야 하는 까다로운 문제 중 하나는 바로 세금이었다. 보르도를 거쳐 지나가기만 하는 상품의 경우, 보르도에서 판매되는 상품과 달리 세금이 부과되지 않았다. 결과적으로 많은 상인들이 세금을 회피하려 했으며 이러한 상황은 심각한 경제적 긴장 상태를 불러왔기에 시 행정의 차원에서 그가 관리해야 했다.

이처럼 시의 다양한 갈등을 조정하는 데 몽테뉴의 신중한 태도가 꼭 필요했고, 큰 역할을 했다. 물론 인문주의자로서 그는 시정 업무에 깊이 몰두하지도, 개인적으로 강한 열정을 느끼지도 않았다. 우리가 앞서 언급했던 『에세』, 제3권, 제10장의 「의지를 절제하는 법De la modération de la volonté」에서 몽테뉴는 공적 논의가 불러일으키는 격정에서 언제나 거리를 두곤 했다고 설명한 바 있다. 그러나 이처럼 한결같이 무심했던 그의 태도는, 중요한 판단마다 어느 정도의 고결함을 더해줬다.

흔히 개인적인 이해관계는 우리의 눈을 멀게 만들고 때로는 집단에서 공동선이라는 이름으로 포장되기도 한다. 몽테뉴는 혼란 속에서도 초연했기 때문에 위기 상황을 가장 '질서 있게' 풀어낼 수 있는 인물이었다. 그의 사례에서처럼 무심함이 항상 방관으로 이어지지는 않는다. 무심함에는 명확하게 결정을 내릴 수 있게 해주는 현명함이 깃들어 있기 때문이다.

> 몽테뉴는 어떤 의미에서 플라톤의 『국가』 속 철인왕이 드러낸 이상적인 인물상을 구현해 냈다고 할 수 있다. 도시를 다스리는 이는 권력에 대한 모든 욕망에서 자유로워야만 한다.

몽테뉴는 권력을 욕망하지 않았다. 이러한 그의 면모는 철인시장으로서 플라톤의 철인왕과 유사하다. 하지만 철인왕이 모든 것을 아는 전지한 존재로 그려지는 반면, 몽테뉴는 그런 이상적인 인물과 거리가 멀다. 오히려 회의주의에 뿌리를 둔 사상과 삶의 태도를 가진 사람이다.

처음으로 시장직을 맡았을 때, 몽테뉴는 자기 모습을 그대로 그려내듯 스스로가 어떤 사람인지 소개하는 인상적인 연설을 했다. 그는 다음과 같이 말했다. "저는 기억력도 없고, 조심성도 없고, 경험도 없고, 기력도 없습니다." 오늘날 후보들의 정견 발표와는 너무나 다른 내용이다.

한 걸음 더 나아가기

우리는 흔히 공동선을 위해 행동하며 때로는 개인적인 삶까지 희생하는 사람들의 헌신을 칭송한다. 어쩌면 몽테뉴는 정반대를 증명하는 것 같다. 그는 공동선을 제대로 실현하기 위해서는 오히려 그 문제에 지나치게 집착하지 않는 태도가 중요하다는 것을 드러낸다.

깊이

파고들기

필립 드장, 『몽테뉴: 정치적 전기Montaigne: une biographie politique』, 파리, 오딜 자콥, 2014.

디미트리 엘 뮈르, 『앎과 통치: 플라톤 정치학에 대한 고찰 Savoir et gouvernement: une réflexion sur la politique de Platon』, 파리, 브랭, 2014.

미셸 드 몽테뉴, 「의지를 절제하는 법」, 『에세』, 제3권, 제10장, 피에르 빌레 판, 파리, 프랑스대학출판부, 1992, 1,002~1,024쪽.

도미니크 메다(1962~)

고위 공무원

> "노동이라는 핵심 도구를 통해
> 구체적으로 사회 변화를 꿈꾸다"

사회참여형 철학자인 도미니크 메다는 아이디어를 구상할 때, 그 아이디어가 현실을 변화시킬 힘이 있는지 고심한다. 오랫동안 고위 공직에서 일하며 쌓은 경험은 그녀의 지적 활동에 자양분이 되었을 뿐 아니라 활발한 정치 참여를 지탱하는 기반이기도 했다.

도미니크 메다는 아주 오래전부터 노동이라는 주제에 깊이 몰두해 왔다. 이러한 성찰은 1995년, 그녀의 기념비적인 저서이자 도발적인 제목을 지닌 『노동: 사라져 가는 가치?Le Travail: Une valeur en voie de disparition?』[17]의 출간을 계기로 중대한 전환점을 맞았다.

하지만 중대한 전환점이 반드시 기원이나 시작을 의미하지는 않는다. 철학을 공부하고, 셸링과 스피노자의 자연철학을 연구한 뒤에야 메다는 노동 시스템 '전환'의 필요성을 느꼈다. 1987년 프랑스 국립행정학교(ENA)에 합격한 후, 그녀는 노동부, 고용부, 보건부, 사회정책부 등의 감독기관인 사회정책감사국(IGAS)에 입사했다. 그곳에서 첫 번째로 1988년 대규모 노동 파업 이후 최소생활보장제도의 일환으로 로카르 정부가 지급 결정한 수당이 제대로 지급되었는지 확인하는 일을 맡았다. 이 부분에서 그녀의 노동 연구가 단순히 추상적이고 이론적인 차원이 아닌, 실질적인 경험을 바탕으로 현실과 얼마나 깊이 연결되어 있었는지 알 수 있다.

도미니크 메다는 국가의 주요 기관에서 일했지만, 그저 관료적 삶에 머무르려 하지 않았다. 사유하는 삶을 포기하지는 않았다. 그 증거로, 학생들을 위한 『사회정책_{Politique sociale}』 교재 집필에 공동 저자로 참여했을 뿐만 아니라, 1993년 노동부에 합류하면서 고위 공무원으로서의 경험을 바탕으로 자연스럽게 사회학과와의 접점을 넓혀 나갔다. 나아가 마르틴 오브리가 재정부의 전문성에 균형을

---

17 1995년 초판에서는 제목에 물음표가 없었다. 이후 개정판에서 저자가 물음표를 추가했다. 이는 단순히 사소한 변경 사항이 아니라, 노동에 대한 그녀의 사유가 지닌 역동성과 비판적 성격을 그대로 보여준다.

맞추기 위해 당시에 막 신설한 프랑스 노동부 산하 연구통계 협력국(DARES)에서 연구 기획 위원회를 운영하고, 연구 조정 팀을 이끌며 학계와 행정 기관을 연결하기도 했다.

여기에서 언급하지 않고 조용히 지나치기엔 아쉬울 일화가 하나 더 있다. 1992년 도미니크 메다는 연구부의 지하 회의실에서 장마리 뱅상과 토니 네그리가 진행한 자본주의, 마르크스주의, 노동에 관한 세미나를 들었다. 그렇다면 도미니크 메다가 이 자리를 통해 『국가』에서 플라톤이 꿈꿨던 이상을 구현하고 있었다고 말할 수 있을까? 철학자는 다시 동굴로 내려가 여전히 그 안에 갇혀 있는 사람들의 의식을 깨워야 한다. 도미니크 메다, 그녀는 연구부의 지하 회의실로 내려가 자신의 의식을 더욱 날카롭게 다듬었다.

> 노동은 때로는 논리를 뒷받침하는 명분이 되고, 때로는 규범이 되기도 한다.

노동이 그녀의 연구에서 중심적인 주제이긴 하지만, 그렇다고 해서 사상의 핵심은 아니었다. 도미니크 메다에게 노동이란 오히려 논리를 뒷받침하는 명분이자 규범이 되는 개념으로, 이를 통해 우리 사회를 좀먹는 사회·경제적 불평등에 대한 비판적 분석을 내놓는다. 사회에서 노동이 차지하는 위치에 대해 의문을 제기하는 것은 예를 들어 남성과 여성 간의 임금 불평등을 조장하는 메커니즘을 밝혀내는 일이자, 이로써 노동 조건의 격차가 존재한다는 사실을 강조하는 일이다. 또한 환경 문제의 중요성에 대해 고민하는 일이기도 하다. 따라서 노동은 어떤 사안의 논리를 뒷받침하는 명분으로, 더 넓은 차원에서 경제가 정치와 사회를 지배하는 현실을 고발한다. 즉, 성장만이 부의 유일한 지표가 될 수 있다는 사상을 강력하게 비판하는 틀이 된다. 이렇듯 노동 시장에 대한 도미니크 메다의 비판적이고 규범적인 접근 방식은 단순히 사회를 고발하는 시도에서 멈추지 않는다. 그리고 바로 이런 점에서 노동은 경제적 활동 이상으로 사회 전체의 방향성과 가치를 규정하는 가치 판단의 틀이라고도 할 수 있다.

이처럼 노동을 둘러싼 사회적 현실을 고려한다면, 사회가 경제가 아닌 시민들을 위한 방향으로 변화할 수 있도록 길잡이가 마련되어야 한다. 지금의 경제 시스템은 가능한 한 많은 사람들, 특히 가장 취약한 계층까지 지배하는 구조를 경제 활력의 평가 기준으로 삼고 있다. 따라서 정치의 본래 의미와 사회적 토론의 가치를 되찾아야만 한다.

도미니크 메다

> **한 걸음 더 나아가기**
>
> 도미니크 메다에게 철학은 사라져 가는 가치가 아니다. 그 반대다. 그렇기 때문에 철학 활동을 사적인 탐구를 넘어 세상을 변화시키려는 의지와 연결해 바라보아야 한다.

깊이

파고들기

도미니크 메다, 『여성의 시간: 역할 분담의 새로운 패러다임을 위하여Le Temps des femmes: Pour un nouveau partage des rôles,』, 플라마리옹, 2008.

도미니크 메다, 사라 압델누르, 『애플리케이션 시대의 새로운 노동자들Les Nouveaux travailleurs à l'heure des applications』, 프랑스대학출판부, 2019.

도미니크 메다·줄리 바띠야나·이자벨 페레라, 『노동 선언: 민주화, 탈상품화, 탈오염Déclaration du travail: démocratisation, démarchandisation, dépollution』, 파리, 쇠이유, 2020.

도미니크 메다, 『노동, 사라져 가는 가치?』, 파리, 플라마리옹, 2021.

도미니크 메다, 『노동Le Travail』, 파리, 프랑스대학출판부(나는 무엇을 알고 있나Que sais-je? 총서), 2022.

플루타르코스 (기원후 46~125)

아폴론 신전의 신관

> "신과 인간 사이에서
> 합리적인 중재자가 되다"

플루타르코스는 주로 『영웅전』[18]으로 알려져 있다. 이 작품은 르네상스와 고전주의 시대의 베스트셀러였다. 그의 동물에 관한 논문들 또한 오늘날 많은 독자들로부터 주목받고 있다. 플루타르코스는 델포이 아폴론 신전의 신관이기도 했다. 그는 아폴론 신전의 여사제인 퓌티아가 전하는 신탁을 해석했으며, 시간이 지나면서 신탁이 점점 줄어들자 안타까워했다.

플루타르코스의 직업은 오늘날 우리에게 꽤나 이색적으로 느껴진다. 아폴론의 신관이 무엇을 의미하는지 이해하려면, 성직자에 대한 우리의 모든 관념을 잠시 덮어

---

[18] 플루타르코스, 『영웅전』, 천병희 옮김, 도서출판 숲, 2010.

둘 필요가 있다. 아폴론의 신관은 가톨릭교회의 성직자와는 전혀 다르다. 플루타르코스는 종교다원주의가 지배적인 문화에서 살았다. 각 도시국가는 고유한 신을 모셨지만 자기 도시의 신을 믿는다고 해서 다른 도시에서 믿는 신의 존재를 부정하지는 않았다.

여전히 다신교가 널리 퍼져 있는 세계의 신관들과 마찬가지로, 플루타르코스 또한 의식, 예배 행렬 그리고 제사를 감독했다. 게다가 그는 의례가 올바르게 진행되도록 관리해야만 했다. 플루타르코스는 '기존의 종교적 전통'을 수호하는 인물이었다. 자기 도시의 신, 즉 이 경우 아폴론을 신봉하는 것은 그 도시의 사회적·정치적 질서에 속한다는 의미이기도 했다. 신앙은 인간을 신과 연결할 뿐만 아니라 인간들끼리도 이어준다. 전통을 존중하면 사회 공동체의 결속을 유지할 수 있었고, 따라서 신관이 표면적으로 정치적 역할도 맡았다. 특히 플루타르코스는 종교적 의무의 일환으로 올림픽 경기와 비견되는 피티아 제전을 조직하는 일을 담당했다.

아폴론 신관의 핵심 임무 중에는 피티아의 신탁을 해석하는 일도 포함된다. 아폴론 신은 피티아를 통해 인간에게 메시지를 전달했다. 가톨릭교에서와 마찬가지로 신관은 인간과 신 사이에서 중재자 역할을 한다. 그러나 두 종교의 차이점은 가톨릭교에서는 신자가 고해성사를 통해 사제를 거쳐 신에게 기도를 드리는 반면, 고대 다신교에서는 신이 다양한 중재자를 통해 인간에게 말을 건다. 아폴론의 경우 그 중재자가 피티아이며, 피티아에게서 전달받은 신탁을 해석하고 해독하는 일은 신관의 몫이다.

> 오늘날 현대인의 사고방식으로는, 이성적인 철학자가 어떻게 신탁을 해석하는 일에 몰두할 수 있었는지 납득하기 어려워 신관으로서 그의 역할이 낯설게 느껴질 수 있다.

희생된 동물의 내장을 살펴보거나 새의 비행을 해석해 신의 뜻을 읽는 예언술은 오늘날 구시대의 비합리적인 관행으로 여겨진다. 그러나 플루타르코스는 철학자로서 이러한 전통적인 의례에 담겨 있는 합리성을 끌어내기 위해 노력했다. 그는 다음과 같은 글을 썼다. "우리는 철학적 이성에 기반해 각 이야기와 의례적 행위를 경건한 마음으로 살펴보고 이해해야 한다. 그렇게 해야만 (중략) 희생과 축제 의식의 훌륭한 규정을 잘못 이해하거나 틀리게 해석하는 일을 피할 수 있다."[19] 전통적인 의례에는 사고와 지성이 깃들어 있으므로, 철학자이자 신관인 그가 찾아내야 했다. 이성이 독립적으로 생겨나는 능력이 아니라, 역사라는 토양에 뿌리를 내리고 자라나는 능력임을 인정해야만 비로소 이러한 관점을 이해할 수 있다. 오늘날, 신탁의 해석은 서구 문화권에서 점성술이나 초자연적인 신비주의와 같은 영역으로 치부되지만, 당시 그리스 사람들의 의식 속에서는 매우 진지한 작업이었다. 신관이 해석해야 하는 신탁은 미신이나 기적과는 전혀 다르다. 심지어 플루타르코스는 이 두 가지를 무신론과 동급으로 취급하며 신랄하게 비난하곤 했다.

물론, 시대적 맥락이 중요하다는 사실을 부정할 수는 없다. 하지만 단지 시대적 배경을 고려했을 때 이해할 수 있는 부분이라고 넘어간다면 여전히 풀리지 않는 의문들이 남는다. 따라서 플루타르코스의 태도를 더 깊이 이해하려면, 우리는 이성이 믿음과 분리될 수 없다는 점을 깨달아야 한다. 다만, 그렇다고 해서 아무 믿음과 연결될 수 있는 것은 아니다. 과학적 합리주의에 기반한 우리 사회 또

---

19 플루타르코스, 『이시스와 오시리스에 대하여Sur Isis et Osiris』 378B(프랑스 출간), 크리스티앙 프루아드퐁드 옮김, 도미니크 자이아르 인용, 「플루타르코스와 신탁: 철학자 신관의 경건함Plutarque et la divination: la piété d'un prêtre philosophe」, 『종교 역사 저널Revue de l'histoire des religions』, 제2호, 2007, 161쪽.

한 신념 위에 세워져 있다. 과학적 검증 절차의 타당성에 대한 믿음을 예로 들 수 있다. 그러나 이러한 신념은 이성적이며 논의의 대상이 될 수 있고 수정될 수도 있다. 역사가 발전한다고 해서 신념이 사라지지는 않는다. 단지 신념의 중심축이 변화할 뿐이다. 이제 사람들은 더 이상 신탁을 믿지 않지만, 대신 과학적 증거를 신뢰한다.

한 걸음 더 나아가기

그리스 영웅과 로마 영웅을 비교한 『영웅전』의 저자로 잘 알려진 철학자 플루타르코스는 자신의 실제 직업을 통해 이중적인 삶, 아니, 오히려 두 개의 평행한 삶을 살았다고 할 수 있다. 즉, 철학자로서의 삶과 아폴론 신관으로서의 삶이다. 수학적으로는 불가능하지만, 이 두 세계에서는 평행선이 만난다. 물론, 가능하다고 믿는다면 말이지만….

깊이
파고들기

도미니크 자이야르, 「플루타르코스와 신탁: 철학자 신관의 경건함」, 『종교 역사 저널』 제2호, 2007.

플루타르코스, 『위대한 인물들의 삶』, 제1·2권, 자크 아미오 옮김, 파리, 갈리마르(플레이아드 총서), 1937.

플루타르코스, 『피티아와의 대화Dialogues pythiques』(프랑스 출간), 파리, 레 벨 레트르(뷔데Budé 총서), 1974, 『델포이의 E에 대하여De Delphico E』·『왜 피티아는 더 이상 운문으로 신탁을 전하지 않는가Pourquoi la Pythie ne rend plus ses oracles en vers』·『신탁의 소멸에 대하여Sur la disparition des oracles』 포함).

폴 베인, 「지적인 이교도가 직면한 종교적 문제: 플루타르코스Les problèmes religieux d'un païen intelligent: Plutarque」, 『그레코-로마 제국L'Empire gréco-romain』, 제10장, 파리, 쇠이유, 2005.

드니 디드로(1713~1784)

미술 자문관

> "자본주의 렌즈로 예술을 바라보고
> 그 속에서 인간의 본성을 꿰뚫어보다"

드니 디드로는 작가이자 철학자 그리고 『백과전서ou dictionnaire raisonné des sciences, des Arts et des métiers』의 편집자이면서 동시에 미술 자문관이었다. 그가 그림을 분석하는 목적은 단순히 미학을 논하기 위해서만이 아니었다. 자신의 비평을 통해 잠재적 구매자들의 관심을 끌고자 하기도 했다.

디드로는 살면서 수많은 직업을 가졌다. 잇달아 편집자, 미술 비평가, 번역가(영어를 유창하게 구사할 줄 알았다), 그리고 물론 달랑베르와 『백과전서』를 함께 작업한 작가이기도 했다. 잘 알려지지 않은 사실이지만 그는 미술 자문관으로도 활동했다. 1764년부터 러시아의 예카테리나 2세, 일명 '예카테리나 대제'는 대대적으로 거장들의 그림 작품을 구매하는 정책을 추진했으며, 오늘날, 이 작품들은 상트페테르부르크 에르미타주 미술관에 전시되어 있다. 예카테리나 2세는 미술 작품 구매에 대한 조언을 얻기 위해 여러 인사들, 그중에서도 디드로에게 자문을 구했다. 디드로가 추천한 수많은 작품 중에서도 그가 직접 가장 중요한 수집품으로 꼽은 것은 '크로자 가문의 미술 소장품'이었다. 이 소장품에는 라파엘, 푸생, 반 다이크 등 거장들의 회화가 포함되어 있었다.

1772년 4월 27일, 조각가 에티엔 팔코네에게 보낸 편지에서 디드로는 이 소장품의 매입 가격이 46만 리브르였다고 명시했다. 이 금액을 현대 화폐 가치로 환산하기는 매우 어렵다. 환산 기준이 너무 다양하기 때문이다. 프랑스 구체제 시대인 앙시앵 레짐의 경제와 오늘날의 경제는 같은 논리를 따르지 않는다. 게다가 미술 시장 자체도 크게 변화했다. 그러나 대략적으로 보면 이 금액은 오늘날 800만 유로가 조금 넘는 수준에 해당한다고 볼 수 있다. 물론, 대략적인 규모를 추정한 것이다. 하지만 18세기에는 석공의 하루 평균 임금이 약 15수[20]였다는 사실을 떠올릴 필요

드니 디드로 | **20** 옮긴이 주 - 1리브르의 1/20에 해당한다.

가 있다. 이를 기준으로 보면 46만 리브르는 약 60만 일의 노동에 대한 임금에 버금가는 금액이다. 이러한 관점에서 터무니없이 비싸 보일 수 있지만 실제로 전체 작품의 가치로 따지면 그리 터무니없는 수준은 아니다. 그리고 디드로는 분명 뛰어난 협상가였다. 그는 예카테리나 2세에게 크로자 가문의 미술 소장품을 '실제 가치의 절반도 되지 않는 가격'으로 들여왔다고 주장했다.

디드로의 미술 수집 자문 활동은 1759년부터 1781년까지 프랑스 왕립 아카데미가 주최한 '살롱 전시회'에서 그가 남긴 전시 비평과 떼어놓고 생각할 수 없다. 이 뛰어난 미술 비평 글들은 필사본 형태로 배포되었으며, 구독자들은 '레트르Lettres'라는 비평 서한을 통해 이 내용을 받아봤다. 여기에는 작품 구매에 참고할 만한 정보도 함께 담겨 있었다.

18세기는 미학과, 세련된 취향의 시대이면서 동시에 상업의 시대이기도 했다.

일반적으로 18세기라고 하면 순수한 미학적 즐거움과 예술에 대한 사랑이 피어난 시대를 떠올린다. 그러나 계몽

주의 시대에 이르러 예술가는 더 이상 단순한 장인이 아니었다. 화가들은 사회적으로 높은 지위를 누리기 시작했으며, 그중 가장 뛰어난 이들은 천재로 여겨졌다. 하지만 18세기는 또한 상업의 시대, 특히 몽테스키외가 말했듯 '온화한 상업'의 시대였다. 예술도 시장 논리에서 벗어날 수 없었으며 미술 시장은 분명히 존재했다. 디드로와 같은 철학자가 상업에 손을 댔다는 사실에 다소 의외라고 생각할 수도 있다. 그러나 실제로 디드로는 미술 자문관으로 활동하면서도 철학자이자 '인류학자'로서 사고하고 행동했으며 인간 본성을 날카롭게 꿰뚫어 봤다.

그는 인간의 허영심이 사물의 가치를 높이는 데 기여한다는 사실을 잘 알고 있었다. 사물의 차별성을 강조하고, 시선을 끌수록 이를 소유하려는 구매자들의 욕망도 더욱 커진다. 왕립 미술 아카데미의 살롱 전시회에는 단순히 미술작품만 전시되지 않았다. 사람들 또한 스스로를 드러냈다. 그렇기 때문에 회화의 가치는 종종 디드로가 말하는 '감정적 가격'에 좌우됐다. 이 가격은 "구매자의 수, 재산, 허영심, 질투 그리고 수애호가들의 광적인 열망에 따라 결정된다."[21]

그러나 전시회는 또한 판단력을 기르는 장이 되기도

---

[21] 드니 디드로, 「그림에게 보내는 편지」(1776년 10월 13일 또는 14일), 『서간집』, 제14권(1774년 5월~1776년 10월), 파리, 에디시옹 드 미뉘, 1968, 238쪽.

한다. 그곳에서 각자 자신의 의견을 표현할 수 있기 때문이다. 이러한 맥락에서 디드로는 전시회를 찾는 사람들에게 먼저 한 바퀴 둘러보며 그림을 감상한 뒤 '다시 몇 차례 돌아다니며 다른 사람들의 감상을 들어보라'고 권했다.

> ### 한 걸음 더 나아가기
>
> 러시아 황제 예카테리나 2세를 위해 그림을 매입하는 일은 디드로에게 단순히 수익을 위한 활동만은 아니었다. 그는 『백과전서』를 통해 지식을 널리 보급하는 데 힘썼다. 마찬가지로 살롱 비평을 통한 미술 자문 활동으로 새로운 형태의 예술적 감수성을 확산시켰다. 이러한 변화 속에서 사람의 본성이나 내면을 표현하는 그림도 이전과는 다르게 새롭게 나타나기 시작했다

깊이

파고들기

드니 디드로, 『미학 작품집Œuvres esthétiques』, 폴 베르니에 편집, 파리, 클라시크 가르니에, 1988.

파트리크 미셸, 『18세기 후반 파리의 미술품 시장Le Commerce du tableau à Paris dans la seconde moitié du xviii siècle』, 빌뇌브다스크, 세탕트리옹 출판사, 2008.

엘리즈 파비길베르, 「디드로의 상상 속 미술관Le musée imaginaire de Diderot」, 『디드로와 백과전서 연구Diderot et l'Encyclopédie』, 제50호, 2015, 15~44쪽.

자크 엘리제 르클뤼(1830~1905)

지리학자

> "여행하듯 유기적으로 글을 쓰고,
> 글을 쓰듯 연구하며 여행하다"

※

자크 엘리제 르클뤼는 지리학자, 무정부주의자, 자발적 망명자, 코뮌 혁명가, 세계 여행자 그리고 철학자로 파란만장한 삶을 살았다. 그러면서도 그의 삶을 관통하는 한 가지 확고한 원칙이 있었다. 바로, 단호하면서도 포용적인 무정부주의적 이상에 대한 신념이다.

오늘날 르클뤼는 지리학자로서보다는 자유주의적이고, 무정부주의적인 사상으로 더 잘 알려져 있다. 그러나 생전에는 지리학자로서 수행한 연구로 세계적으로 유명했다. 1869년 그는 첫 저서인 『대지: 지구 생명의 현상에 대한 서술La Terre: Description des phénomènes de la vie du globe』을 편찬했다.

이후, 1873년부터 주요 저작인 『새로운 세계 지리학, 대지와 인간L'Homme et la Terre』의 출간을 시작으로 1895년에 마지막 책을 발표했다. 르클뤼는 지치지 않고 계속해서 책을 집필했고, 그의 작품은 총 18,000여 쪽에 이르며 4,290장의 지도를 포함하고 있다.

19세기 말까지 프랑스에서 지리학은 아직 대학의 독립된 학문으로 대우받지 못했다. 당시 지리학적 지식은 사회, 상업, 정치로 이뤄진 구조에 크게 의존하고 있었다. 세계 지도를 만드는 주요 목적은 국가의 경제적 이익과 군사적 목표를 지원하는 것이었다.

엘리제 르클뤼처럼 무정부주의를 신봉하는 사상가가 이런 분야에 뛰어들었다니, 놀라운 일이 아닐 수 없다. 일반적으로는 그가 작가로서 주로 정치적 글을 쓰거나 당대 사회에 대해 비판적으로 분석한 책을 집필하고 출간하는 데 전념했으리라 예상하기 쉽다.

> 그는 유럽, 미국, 남아메리카 등지를 수도 없이 여행하며 지리학자가 되겠다는 열망을 구체화했다. 그에게 여행은 곧 연구하고 글을 쓰는 방식이었다.

자크 엘리제 르클뤼

그가 직접 썼듯이, "오랫동안 도서관의 먼지 구덩이 속에서 연구한 후에는 언제나 다시 위대한 원천으로 돌아가 직접 실제 현상 그 자체를 탐구하며 내 정신을 되살렸다."[22]

엘리제 르클뤼의 지리학은 각 요소를 분리해 개별적으로 분석하는 추상적인 학문이 아니다. 식물 분포, 지질 현상, 이주 움직임 등은 구체적으로 연결된 상호작용 속에서 함께 고려해야만 한다. 르클뤼는 환경을 단 하나의 요소, 예를 들어 식물 분포로만 규정하는 '지리적 결정론'을 거부했다. 지리학은 상호작용을 연구하는 학문이다. "모든 환경은 무한히 복잡하기 때문이다."[23] 이 학문적인 연구에는 감성적인 접근 또한 필요하다.

인간이 살아가며 적응하는 공간은 기하학자가 다루는 중립적이고 이론적인 공간이 아니다. 우리의 자연환경도 마찬가지로 정치적 경계선이 암시하듯 폐쇄된 공간이 아니다. 지구에서 살아가는 동안 우리는 가까운 이웃뿐만 아니라 멀리 떨어져 있는 사람과도 끊임없이 관계를 맺는다. 이러한 관점에서 르클뤼의 사상은 매우 중요한 생태학적 논의를 포함한다. 그 가치는 오늘날에 와서야 제대로 평가

---

[22] 엘리제 르클뤼, 「대륙」, 『대지: 지구 생명의 현상에 대한 서술』, 제1권, 파리, 아셰트, 1874, 11쪽.

[23] 엘리제 르클뤼, 『새로운 세계 지리학, 대지와 인간』, 제1권, 파리, 리브레리 유니베르셀 드 파리, 1905, 115쪽.

받고 있다.

> 무정부주의자이자 지리학자로서 르클뤼의 자아가 통합될 때가 있다면 아마 인간 활동이 지구에 미치는 영향을 헤아리게 되는 순간이 아닐까.

르클뤼가 살던 시대에 인류세를 언급하는 것은 시기상조였을 수 있다. 그러나 그는 자신의 저서 중 많은 부분에서 오늘날 우리의 생활 방식이 미치는 해로운 영향에 대해 과학자들과 철학자들이 어떤 연구를 수행하게 될지 예견했다.

무정부주의자로서 그는 정복에 의한 정치적·사회적 질서를 반대했다. 무엇보다도 생존을 위한 투쟁과 경쟁을 자연의 유일하고 절대적인 규범으로 간주하는 제한적인 관점을 규탄했다. 지구에서의 삶에는 연대와 협력의 체계가 존재하며, 그가 작성한 글에 따르면 이 체계 없이는 "삶 자체가 불가능할 것이다."[24]

자크 엘리제 르클뤼　|　[24] 앞의 책, 142쪽.

> ### 한 걸음 더 나아가기
>
> 엘리제 르클뤼는 자신의 모든 저서에서 끊임없이 자연의 아름다움을 칭송하며 계속해서 조화로운 자연을 신뢰한다고 표현한다. 그는 『시냇물의 역사 Histoire d'un ruisseau』라는 아름다운 책을 쓰기도 했다. 이러한 입장에서 보면, 무정부주의자이자 지리학자인 그이지만, 오히려 누구보다 질서를 사랑하는 사람은 아니었을까?

깊이

파고들기

베아트리스 기블랭, 「엘리제 르클뤼: 독특한 지리학자Élisée Reclus: un géographe singulie」, 『에로도트』, 제117호, 2005.

이브 라코스트, 「엘리제 르클뤼, 지리적 특성에 대한 매우 넓은 개념과 인도적 지정학Élisée Reclus, une conception très large de la géographie et une géopolitique humanitaire」, 『에로도트』, 제117호, 2005.

엘리제 르클뤼, 『새로운 세계 지리학, 대지와 인간』, 베아트리스 기블랭 편집 및 서문, 파리, 라 데쿠베르트, 1998.

엘리제 르클뤼, 『시냇물의 역사』, 아를, 악트 쉬드, 2005.

앙리 베르그송(1859~1941)

외교관

> "진정성 있는 언어로
> 세계를 설득하고 변화시키다"

앙리 베르그송은 연구와 집필에 전념한 철학자의 전형적인 예로, 1917년 프랑스 정부의 요청을 받아 미국이 독일과의 전쟁에 참전하도록 설득하는 임무를 맡았다. 그리고 성공했다. 전쟁이 끝나고 평화가 찾아온 후에도 그는 단호하게 국제연맹이 추진한 국제지적협력위원회(CICI)에 적극적으로 동참했다.

1859년 파리에서 태어난 앙리 베르그송은 20세기 프랑스를 대표하는 가장 중요한 철학자 중 한 명이다. 생전에 콜레주 드 프랑스에서 교수로 재직하며 철학자들뿐만 아니라 일반 대중 사이에서도 깊은 인상을 남겼다.

베르그송은 프랑스어만큼이나 영어를 유창하게 구사했다. 당시 프랑스 대통령 레몽 푸앵카레와 정부 수반 아리스티드 브리앙이 베르그송에게 미국 대통령 우드로 윌슨을 설득해 독일과의 전쟁에 참전하도록 회유하는 임무를 위임한 이유도 이 때문이었다. 베르그송의 임무는 1917년 2월부터 1917년 5월까지 4개월 동안 이어졌다. 그의 임무는 성공적으로 마무리되었으며, 프랑스 정부의 기대를 뛰어넘는 성과를 거뒀다. 당시 프랑스 정부는 미국이 군사 및 재정 지원에 그칠지 아니면 유럽에 병력을 파견해 연합군에 합류할지 확신하지 못하고 있었다.

1917년 베르그송은 『의식의 직접적인 자료에 관한 시론Essai sur les données immédiates de la conscience』, 『물질과 기억Matière et mémoire』, 『창조적 진화L'Évolution créatrice』 등 여러 저서를 집필한 상태였다. 하지만 더 이상 내면적 탐구에 몰두할 때가 아니었다. 실질적으로 국가의 일에 참여하고 행동에 나서야 했다. 따라서 철학자로서 자신의 일을 잠시 중단했다.

베르그송이 프랑스 정부에 보낸 전부에서 직접 쓴 표현을 빌리자면, 그는 윌슨 대통령의 마음을 움직여, 미국이 "방대한 인적 자원"을 파견하게 만들었다.

베르그송은 이 임무를 수락하기까지 많은 고민을 했는

데 놀랍게도 프랑스 외교관 쥘 캉봉의 전략적인 설득에 넘어갔다. 캉봉은 이 임무가 위험 부담이 크다고 말하며 오히려 그가 미국행에 나서도록 했다. 대부분의 사람들은 위험을 마주하면 본능적으로 피하려 하는 게 지극히 자연스러운 반응이지만 비범한 철학자였던 그에게 위험은 오히려 부름과 같았다.

> 베르그송은 또한 국제연맹(LON)의 창설에도 기여했으며, 이후 이 조직은 국제연합(UN)으로 발전했다.

국제연맹은 '국제 협력을 촉진하고 평화와 안전을 확보'하기 위한 목적으로 조직되었으며 1919년 6월 28일 체결된 베르사유 조약에 따라 설립이 결정되었다. 여기에는 베르그송의 공이 컸다. 그는 마리 퀴리와 아인슈타인 등이 참여한 국제지적협력위원회 의장으로 활동했다. 유네스코의 전신인 이 위원회는 세계 각국의 학문과 지적 활동의 동향을 조사하고, 학자들 간의 교류를 촉진하며, 문화유산을 보호하는 데 힘썼다. 또한 세계 각지에서 수행된 모든 학술 성과와 연구 과정의 자료들을 한데 모아 정리한 국제 도서관 설립도 이 위원회의 목표 중 하나였다.

바로 이러한 부분에서 베르그송의 외교 활동과 철학적 탐구가 어떻게 긴밀히 연결되어 있는지 드러난다. 사유는 중립적이지 않으며 우리는 그로 인해 특히 일부 과학 연구가 어떻게 악용되어 재앙을 초래할 수 있는지 잘 알고 있다.

1922년 9월 13일에 열린 회의에서 베르그송이 의장을 맡은 위원회는 다음과 같이 요청했다. 그의 표현을 그대로 쓰자면, "전 세계 과학자들에게 독가스 관련 연구 결과를 공개해 줄 것을 요청하며, 이를 토대로 미래 전쟁에서 독가스 무기의 사용 가능성을 최소화하고자 한다." 제1차 세계대전 동안 독가스로 인해 많은 인명이 희생되었고, 그 참혹한 피해에 대응하고자 하는 목적에서였다. 과학은 결코 중립적이지 않으며, 베르그송은 이 사실을 잘 알고 있었다.

국제 연맹이 무엇을 이상으로 삼았는지는 1922년 출간된 베르그송의 마지막 저서인 『도덕과 종교의 두 원천Les Deux Sources de la morale et de la religion』에서도 엿볼 수 있다. 그는 이 책에서 민주주의가 단순히 이해관계를 조정하는 차원을 넘어, 공동체의 헌신과 초월적 가치를 전제로 하는 신비주의적 성격을 띠면서도, 이를 이상으로 추구하는 체제라고 설명한다.

앙리 베르그송

> **한 걸음 더 나아가기**
>
> 외교관의 언어는 종종 진심을 숨기는 언어로 여겨지는 반면, 철학자의 언어는 진실성과 진정성으로 설명된다. 하지만 외교관 베르그송은 철학자 베르그송을 절대 배신하지 않았다. 아마도 이러한 사실이 그의 성공 비결일지도 모른다.

깊이

파고들기

앙리 베르그송, 『글 모음집 Mélanges, éd. André Robinet』, 앙드레 로비네 편집, 파리, 프랑스대학출판부, 1972.

앙리 베르그송, 『도덕과 종교의 두 원천』(1932년 초판), 파리, 프랑스대학출판부, 2013.

필리프 술레, 『정치적 베르그송 Bergson politique』, 파리, 프랑스대학출판부, 1989.

필리프 술레·프레데리크 보름스, 『베르그송 Bergson』, 파리, 프랑스대학출판부, 2002.

기욤 마르탱(1993~)

프로 사이클 선수

"혹독한 육체의 단련을 통해
정신적 가치를 고양하다"

투르 드 프랑스는 철학적으로 성찰할 소재를 던져준다. 기욤 마르탱은 그렇게 생각한다. 그는 프로 사이클 선수이자 철학자이며, 사이클과 철학을 다룬 여러 책의 저자이기도 하다.

투르 드 프랑스는 단순한 스포츠 경기가 아니라 하나의 현상으로 프랑스 사회와 문화 속에 자리 잡았다. 여름과 휴가철의 시작을 알리는 행사로만 보기에도 어렵다. 투르 드 프랑스는 철학에 새로운 도전 과제를 제시하기도 한다. 이에 자극받는 사람이 바로 프로 사이클 선수이자 동시에 철학자로도 알려진 기욤 마르탱이다. 그는 사이클 위에서는 비탈진 고개를 오르고 책상 앞에서는 정신 또는 영혼이 이데아의 영역으로 오르는 길을 탐구한다. 플라톤은 『국가』에서 이를 '아노도스Anodos'라고 불렀다.

    육체와 이성, 두 영역에서 높은 곳을 향해 오르는 일이 꼭 몸과 정신을 분리하지는 않는다. 어찌 보면, 몸에도 그 나름의 이성이 있으며, 이성은 이 사실을 무시해서는 안 된다. 기욤 마르탱은 육체를, 특히 운동선수의 육체를 아무 생각 없는 기계처럼 여기는 철학적 통념에 강하게 반대한다. 그는 자신의 저서 『사이클을 탄 소크라테스』[25]에서 운동에는 단순한 지능을 넘어, 서로 다른 두 가지 형태의 지능이 요구된다고 주장한다. 첫째로 이론적 지능이 필요하다. 이 덕분에 운동선수는 규칙을 익히고 숙달하며, 전략을 세울 수 있다. 둘째로, 실천적 지능이 중요하다. 실천적 지능을 통해서 몸에 동작과 습관을 체득해, 특히 낙차와 같은 위급한 상황에서 본능적으로 움직일 수 있다. 그에 따르면 실천적 지능이 인정받지 못하는 이유는 단순히 우리가 이성만 중시하는 편견을 가지고 있기 때문이 아니다. 그가 설명하듯, 오히려 이 지능 자체가 본래 눈에 잘 띄지 않기 때문이다. 반사적인 동작을 익히려면 철저한 훈련은 기본이며, 우리 같은 단순한 관객의 시선으로는 쉽게

---

[25] 기욤 마르탱, 『사이클을 탄 소크라테스』, 류재화 옮김, 나무옆의자, 2023.

파악할 수 없다. 운동선수들의 동작이 자연스러워 보이는 것은 그들이 철저한 수련과 엄격한 자기 관리를 대가로 몸에 익힌 결과다. 이는 바로 '스포츠적 천재성'의 역설이다. 니체가 예술적 천재에 대해 지적했던 것과 마찬가지로, 걸작은 완성되고 마무리된 결과의 형태로 공개되기 때문에 이 과정에서 작업실에서 이루어진 고된 노력의 흔적을 모두 지워버린다. 쉽고 간단해 보이는 일일수록 그 안에서 작동하는 원리는 훨씬 더 복잡하다.

> 예술 작품과 달리 스포츠 경기에서의 성적은 경쟁과 '승리'의 논리를 따른다.

일반적으로 사이클 철학자라고 불리는 그는 사이클보다는 스포츠 그 자체를 있는 그대로 탐구하는 사상가다. 그가 말하는 사이클은 우리가 산책하거나 출퇴근할 때 이용하는 교통수단과는 다른 의미를 지닌다. 기욤 마르탱의 분석은 본질적으로 최정상급 사이클 선수로서의 경험을 중심으로 이루어진다. 이는 자기 자신과의 관계뿐만 아니라 타인과의 관계도 포함하며, 고통스러운 훈련을 감내하는 자기 극복의 과정 속에서 형성되는 하나의 생태계다.

기욤 마르탱은 혹독한 훈련 과정을 묘사하며 조금이나마 고통을 경감시키기 위해 훈련하면서 라디오 방송 〈프랑스 문화France Culture〉를 듣는다고 했다. 스스로를 뛰어넘는 일은 자신의 한계를 시험하는 것 이상으로, 타인과 맞서고 경주에서 그들보다 앞서 나가는 경험을 하는 일이다. 이에 따르면 경기에서의 규칙 위반은 곧 경쟁 중 실격을 의미하므로 경쟁의 장에서 '규범'은 반드시 지켜야 할 대상인 동시에 익숙한 방식에 만족하고 머문다면 승리를 놓쳐버릴 수 있기에 기필코 뛰어넘어야 하는 대상이기도 한 것이다.

물론 동료 선수들의 중요성 또한 배제할 수 없다. 그러나 마르탱은 『펠로톤 사회: 집단 속 개인의 철학La société du peloton』에서 다음과 같이 적었다. "사이클의 문제는 단 한 명만이 승자가 된다는 것이다."[26] 이 경쟁의 논리는 그를 하나의 급진적이고 분명한 입장으로 이끈다. "자아는 결코 어떤 시도로도 초월할 수 없다. 협력, 공유, 이타주의라는 이데올로기로 자아를 억누르려는 것은 우리 내면에서 가장 본질적인 요소인 '개인성'을 지우려는 시도다."[27]

---

[26] 기욤 마르탱, 『펠로톤 사회: 집단 속 개인의 철학』, 클레르몽페랑, 몽 포슈, 2022, 173쪽.

[27] 앞의 책, 181쪽.

한 걸음 더 나아가기

펠로톤 철학은 우리에게 집단의 연대와 개인적 성공 추구 사이의 긴장 관계를 가르쳐 준다. 선두 돌파Échapée가 이 역설을 잘 보여준다. 기욤 마르탱은 선두 돌파에 대해 이렇게 설명했다. "이곳에서는 다른 선수들에 맞서면서도 그들과 함께하며 개인이 스스로를 드러내는 공간이다. 스포츠 선수, 특히 사이클 선수는 바로 이 미묘한 균형, 즉 펠로톤과 그 구성원들로부터 두각을 나타내려 하면서도 완전히 고립되지는 않는 그 아슬아슬한 경계 속에 존재한다."[28] 이 모순은 아마 극복할 수 없을 것이다. 왜냐하면 잘 알다시피, 투르 드 프랑스는 2인승 사이클로 치르는 경기가 아니기 때문이다.

[28] 앞의 책, 182~183쪽.

깊이

파고들기

베르나르 앙드리외 엮음, 『국제 스포츠 철학 용어집Dictionnaire international de la philosophie du sport』, 제1·2권, 파리, 라르마탕, 2015.

베르나르 샹바, 『자전거에 대한 작은 철학Petite philosophie du vélo』, 파리, 플라마리옹(샹Champs 총서), 2019.

기욤 마르탱, 『사이클을 탄 소크라테스』, 류재화 옮김, 나무옆의자, 2023.

기욤 마르탱, 『펠로톤 사회: 집단 속 개인의 철학』, 클레르몽페랑, 몽 포슈, 2022.

가스통 바슐라르(1884~1962)

우체국 직원

"과학에 기반한 소통으로
공통체의 발전을 도모하다"

가스통 바슐라르는 『새로운 과학 정신Nouvel esprit scientifique』과 『응용 합리주의Le Rationalisme appliqué』의 저자로, 프랑스 과학철학에서 가장 중요한 인물 중 하나다. 그러나 대학 연구에 늦게서야 발을 들였다. 그보다 앞서 10년이 넘게 우체국 직원이자 전보 기사로 일했기 때문이다.

프랑스 지방 소도시의 평범한 가정에서 태어난 가스통 바슐라르는 중학교에서 물리화학을 가르쳤다. 1930년부터는 디종 대학교에서 과학철학 교수로 재직하다가 1940년 소르본대학교 교수로 임명됐다. 그의 학문적 여정은 마침내 도덕·정치 과학 아카데미의 회원으로 선출되면서 정점을 찍었다. 학문적으로 그야말로 완벽한 경력이다!

그러나 그가 걸어온 길이 결코 일직선으로 쭉 뻗은 전형적인 경로는 아니었다. 바슐라르는 프랑스 고등교육 기관인 그랑제콜을 다니지 않았다. 비교적 늦은 나이인 35세에 계약 교사로 교직 생활을 시작했고, 38세에 철학 교수 자격시험에 합격한 뒤, 1927년에 두 편의 논문을 발표했다. 그 전에는 16년 동안 우체국 직원이자 전보 기사로 일했다.

바슐라르는 구두 수선공인 아버지와 담배 및 신물을 판매하던 어머니 사이에서 태어났다. 그의 출신 배경과 가정환경을 떠올려 보면, 오늘날 흔히 말하는 계층 상승자 또는 '사회 계층 간 이동자^{Transclasse}'의 대표적인 인물이라 할 수 있다. 바슐라르는 철학으로 대학 입학 자격시험을 통과한 후 19살이던 1903년부터 보주의 르미르몽 우체국에서 일했다. 그가 맡은 일은 반복적인 작업의 연속이었다. 하루 종일(10시간 동안이나!) 전보를 보내고 우편 발송을 관리했다. 이처럼 열악한 근무 조건이 그의 삶을 무겁게 짓눌렀다고, 그가 애초에 계층 상승이 어려운 폐쇄적인 사회 구조의 희생자였다고 생각할 수도 있다. 물론, 그가 우체국에서 사무원으로 일하게 데에 물질적·경제적 이유가 있었음을 부정할 수는 없지만 그런 시각만으로는 그의 일을 설명하기에 충분하지 않다.

먼저, 바슐라르는 우체국에 취업하기 전 대학 입학 자격시험을 보고 나서 1년 동안 중학교에서 보충 교사로 일한 적 있다. 당시, 이 직업은 일정 기간 동안 일을 하고 나면 교직에 진입할 수 있는 길을 열어주었다. 그런데 바슐라르는 그 자리를 떠나 우체국으로 자리를 옮겼다. 게다가 교사가 되기를 원하지 않았으며 그가 훗날 위대한 철학자가 되리라고 예상할 수 있는 징후도 전혀 없었다.

오히려 바슐라르는 전신 기술자가 되고 싶어 했다. 1955년 당시 최고의 명성을 누리던 바슐라르의 감동적인 인터뷰에서 그는 이렇게 말했다. "저는 전보 기술자의 꿈을 포기한 제 선택을 오랫동안 마음속에 담아두고 있었습니다. 그건 제 첫 번째 꿈이었고, 그만큼 내려놓기 위해 정말 어려운 결정을 내려야 했습니다."[29] 젊은 우체국 직원이었던 그는 처음부터 소르본의 거대한 강의실을 꿈꿨던 것은 아니었다. 오히려 통신 분야의 전문가가 되길 원했다.

1900년대 당시 통신 분야에서는 눈부신 기술 발전이

---

29 가스통 바슐라르, 학술원 회원, 『프랑스 우정·전신·전화 행정기관 전문지 La Revue des Amis de Gaston Bachelard』, 제55호, 1955년, 14쪽·클로드 스페란차, 「바슐라르와 기술: 몇 가지 연구 방향 Bachelard et la technique: quelques axes de recherche」, 『가스통 바슐라르 논집』, 제1호, 1998년, 72~73쪽에서 재인용.

이뤄지고 있었다. 바슐라르가 물리학을 전공한 후 과학철학으로 진로를 변경한 것도 결코 우연이 아니었다.

우편과 전보 서비스의 통합은 과학적 혁명이자 중대한 정책적 변화였다. 실제로, 1879년 윌리엄 앙리 와딩통 정부가 우편·전보부를 신설한 부분에서도 이러한 사실이 드러난다.

그러나 바슐라르는 무엇보다도 통신 기기의 경이로운 발전에 매료되었다. 게다가 이 시기에 전자기파의 발견 덕분에 첫 번째 라디오가 탄생하게 된다. 따라서 전보 업무를 맡고 있던 바슐라르는 원거리 통신을 가능하게 해주는 이 현대적인 기기들을 실제로 다루고 있었다. 이러한 기술적 걸작들은 과학과 기술의 결합을 잘 보여준다. 과학철학자 바슐라르는 과학 담론을 형성할 때 경험을 근본적인 가치라고 여겼다. 그의 저서 『응용 합리주의』에서 다음과 같이 주장했다. "과학적 사고에는 사회적 현실, 즉 물리학자와 수학자로 구성된 공동체의 동의가 필요하다."[30] 여기에서 그가 말하는 '사회적 현실'을 그는 우체국에서 몸소 체험했다. '물리학자와 수학자로 구성된 공동체의 동의'의 경우, 바슐라르는 과학의 발전으로 등장한 원거리 통신기기

30 가스통 바슐라르, 『응용 합리주의』, 파리, 프랑스대학 출판부(카드리주Quadrige 총서), 2004년, 6쪽.

를 매일 사용하면서, 과학 공동체가 합의한 지식이 실제로 적용되는 방식을 구체적으로 경험하게 된다.

> **한 걸음 더 나아가기**
>
> 우체국에서 소르본까지의 여정에서 어쩌면 바슐라르는 무턱대고 길을 잃거나 헤매지 않았던 것일지도 모른다. 우편이든, 전신이든, 교육이든, 그가 걸어온 모든 길의 중심에는 소통이 있었다.

깊이
파고들기

가스통 바슐라르,『응용 합리주의』, 파리, 프랑스대학출판부(카드리주 총서), 2004.

가스통 바슐라르,『새로운 과학 정신』, 파리, 프랑스대학출판부(카드리주 총서), 2020.

프랑수아 다고녜,『가스통 바슐라르Gaston Bachelard』, 파리, 프랑스대학출판부, 1965.

장클로드 파리앙트,『바슐라르의 어휘Le vocabulaire de Bachelard』, 파리, 엘립스, 2001.

클로드 스페란차,「바슐라르와 기술: 몇 가지 연구 방향Bachelard et la technique : quelques pistes de recherche」,『가스통 바슐라르 논집』, 제1호, 1998.

고트프리트 빌헬름 라이프니츠 (1646~1716)

도서관 사서

"현대 도서관의 분류 체계를 마련하고
지적 세계의 연결에 힘쓰다"

고트프리트 빌헬름 라이프니츠는 직접 책을 읽고 쓰는 것만으로는 만족하지 못하고, 40년 동안 도서관 사서로서 책을 정리하고 분류하는 일에도 힘썼다. 그에게 도서관은 이성이 구현된 공간이자, 책을 매개로 사람들을 서로 연결하는 구체적인 장소였다.

철학자 라이프니츠는 형이상학, 수학, 자연학에 몰두했을 뿐만 아니라 오랫동안 사서로도 일했다. 1676년부터 하노버 공작의 도서관을 맡았으며, 이후 하노버 근교의 볼펜뷔텔 도서관 관장직도 맡았다. 어떤 의미에서 라이프니츠는 이 직업을 통해 전설적 일화와 다시 연결된다.

전해지는 이야기로는, 고대에 아리스토텔레스가 세상을 떠나고 3세기 후, 그의 저작물을 모아 편집하려던 스타게이라 로도스섬의 철학자 안드로니코스는 난처한 상황에 처했다. 그가 다루려던 책들의 주제가 현실태와 가능태, 실체, 원리 등 추상적이고 제목도 명확하지 않았기 때문이다. 이에 안드로니코스는 명확한 주제로 나뉜 자연학 분야의 책들을 앞에 먼저 분류하고, 정확한 분류가 어려웠던 책들은 마저 그 뒤에 배열했다. 말하자면 '메타 타 피지카 méta ta physica', 즉 문자 그대로 자연학 책 뒤에 오는 것으로 분류했으며, 여기에서 '형이상학métaphysique'이라는 단어가 유래했다. 이 과정에서 형이상학은 '자연학 세계를 넘어 존재의 본질을 탐구하는 철학'을 가리키게 되었다. 따라서 형이상학과 도서관 사이에는 보이지 않는 연결고리가 존재한다.

이러한 관점에서 봤을 때, 라이프니츠는 두 가지 면에서 형이상학자라 할 수 있다. 하나는 그의 철학 자체로, 이를테면 예정조화설이나 실체 간의 소통 이론, 특히 영혼과 육체의 결합이라는 난제를 떠올려 보면 알 수 있다. 다른 하나는 사서로서의 활동으로, 그는 책을 원래 자리에 정리하고 분류하는 데 관심을 많이 쏟았다.

고트프리트 빌헬름 라이프니츠

라이프니츠 시대에 도서관은 사유 재산으로 왕이나, 제후, 공작 등이 소유하고 있었다. 하노버 공작의 도서관도 그중 하나였다.

개인 소유 도서관들은 실제로는 절반 정도 공공성을 띠었는데, 오늘날의 공공 도서관과는 재정 운영 방식이 달랐다. 현재 시립도서관이나 국립도서관은 공공 재원으로 운영되지만, 라이프니츠 시대의 도서관은 후원자들의 지원으로 유지되었다.

라이프니츠는 사서로서 누구에게나 도서관의 문을 열었지만, 사실 희귀 서적은 오직 귀족과 학자들만 열람할 수 있었다. 자신의 일에 애정을 가진 사서이자 뛰어난 논리학자였던 라이프니츠는 분류 방식에 관심을 가졌다. 그는 책마다 주제별 목록을 보완해 저자명 기준의 분류 체계를 개발했으며, 이 방식은 현대 도서 분류 체계의 기틀을 마련했다. 분류는 서가에 책을 물리적으로 정리하는 작업인 동시에 도서관 목록에 책을 등록하는 색인 작업이기도 했다. 오늘날 우리에게는 당연한 듯해 보이지만, 라이프니츠 시대에는 그렇지 않았다. 당시 도서관에서 책은 내용이 아니라 크기나 형태와 같은 물리적 기준에 따라 분류되었기 때문이다.

도서관 사서는 책을 돌보는 사람이기도 하다. 특히, 도서관에는 인쇄본뿐만 아니라 손상되기 쉬운 필사본도 다수 보관되어 있는 만큼 더더욱 그렇다. 라이프니츠 또한 '책'임감이 강해 책을 관리하는 것을 넘어 보살피다시피 했다.

도서관 사서는 또한 새로운 책을 구입해 도서관을 더욱 풍요롭게 만들어야 할 책임이 있다. 라이프니츠는 자신이 맡은 도서관에 자신의 책을 채우는 데 주저함이 없었다. 결과적으로, 1716년 그가 세상을 떠난 후에는 그 누구도 그의 개인 소장 도서와 하노버 공작 소유의 책을 구별하지 못할 정도였다. 결국 공작은 모든 책을 자신의 소유로 거둬들이고 라이프니츠 상속인들에게 일정 금액을 보상금으로 지급했다.

> 도서관 사서라는 직업을 통해 라이프니츠는 유럽의 모든 학술기관을 하나로 모으는 '보편적 백과사전'이라는 자신의 꿈을 실현하고자 했다.

라이프니츠는 보편성을 추구한 사상가였다. 그의 철학 전체는 인간 이성과 인식을 지배하는 보편적 원리를 중요시한다. 모든 분야의 모든 지식을 연결하는 백과사전이 되고자 했던 꿈 또한 그가 논쟁과 토론을 즐겼다는 사실과도 연결된다. 볼테르에게 이유 없이 조롱당하긴 했지만, 라이프니츠의 낙관주의는 그 자신에게 토론을 통해 언제나 합의에 도달할 수 있다는 믿음을 심어 주었다. 이러한 관점에서 도서관은 서로 다른 입장을 담고, 반대 주장을 펼치는 책들이 공존하는 구체적인 공간으로, 일종의 지적 평화에 대한 논의가 이뤄지게 한다. 도서관은 그 자체가 그물처럼 얽힌 구조로, 책과 책 사이에 다양한 연결고리를 만들어내거나 그 가능성을 발견하게 한다. 라이프니츠는 철학자로서 연결에 대해 사유했고, 사서로서는 연결을 만들어냈다.

> ### 한 걸음 더 나아가기
>
> 도서관에서 책을 분류하는 일은 '연결^{vinculum}'의 이론가인 라이프니츠에게 사람들 사이에 그리고 세대 사이에 견고한 연결고리를 만드는 하나의 방식이 아니었을까?

깊이

파고들기

고트프리트 빌헬름 라이프니츠, 『자연과 실체의 소통에 관한 새로운 체계Nouveau système de la nature et de la communication des substances』, 크리스티안 프레몽 편집, 파리, 플라마리옹(GF 총서), 1994.

아르노 펠티에, 「볼펜뷔텔에 있는 라이프니츠의 철학 도서관: 목록과 의미a bibliothèque philosophique de Leibniz à Wolfenbüttel: catalogue et signification」, 『17세기XVIIe siècle』, 제1권, 제242호, 2009, 113~147쪽.

슈테판 발트호프, 「사서로서의 라이프니츠Leibniz als Bibliothekar」. 장루이 엘루아 옮김. 『BNU 학술지』, 제10호, 2014, 22~31쪽.

아녜스 게로(1979~)

싱어송라이터

> "팝 음악의 미학적, 음악적 가치를
> 살리기 위한 접근 방법을 연구하다"

아녜스 게로는 어린 시절부터 음악을 해온 철학자로 두 개의 이름('아녜스 게로'와 '라 펠린')과 두 개의 목소리(철학자로서의 목소리와 음악가로서의 목소리)를 가지고 있다. 각각의 이름은 다르더라도 목소리는 하나의 화음을 이룬다.

아녜스 게로는 아주 어린 나이에 음악을 만났고, 이때부터 창작을 열망하기 시작했다. 6살 어린 나이에 자신의 첫 번째 노래를 작곡했고 그 이후, 프랑스어와 스페인어로 다양한 곡들을 만들어 녹음하기 시작했다. 12살에는 자신의 목소리에 맞춰 연주할 악기를 배워야겠다고 생각했다. 그렇게 선택한 악기가 기타였다.

독학으로 작곡하고 연주를 했던 그녀는 전설적인 캘리포니아 메탈 밴드 메탈리카의 곡 〈하나One〉의 솔로 연주를 맡았다. 그리고 청소년 시절에는 친구들과 함께 '데이지'라는 밴드를 결성하고, 함께 마르시악에서 열리는 권위 있는 음악 페스티벌 'Off'에서 첫 공연을 했다.

그러면서도 철학 공부를 계속해 나갔다. 2010년에는 소르본에서 테오도어 아도르노 철학에 대한 박사 논문을 발표했다. 게로는 안주하지 않고, 끊임없이 음악적 도전을 했던 어린 시절과 마찬가지로 이때에도 역사적으로 위대한 철학자들의 목소리를 전달하는 것만으로는 만족하지 못했다. 이에 여러 글을 통해 자신만의 철학적 목소리를 냈다. 2018년에는 음악철학 분야에서 중요한 저서로 꼽히는 『팝의 변증법Dialectique de la pop』을 출간했는데, 여기에서 그녀는 팝 음악이 독자적인 미학적·음악적 가치를 지니지만, 지금까지 그 가치가 간과되어 왔다고 주장한다.

> 팝 음악의 미학적·음악적 가치를 설명하기 위해서는 두 가지 철학적 접근이 필요하다.

> 첫 번째, 팝 음악을 대중문화의 범주에서 벗어나게 해

야 한다. 대중문화는 정작 음악은 덮어둔 채 팝 음악 작품의 상품이나 이미지를 내세워 포스터, 아티스트의 얼굴이 새겨진 티셔츠, 의상, 인터넷 토론 게시판과 같은 오직 눈에 보이는 현상들만을 부각시킨다. 두 번째, 녹음되어 대량으로 복제 가능하다는 본질적 특성을 지닌 이 대중음악의 모순을 찾아내 없애야 한다.

이렇듯 기술과 매체 중심으로 생산 및 유통이 이뤄지는 것은 팝 음악이 지니는 고유한 특징이다. 예를 들어 전통 대중음악은 주로 구전으로 전해진다. '학문적 음악'이라고도 불리는 클래식 음악은 악보 보존을 통해 전해지므로 기록을 통해 전통이 이어진다고 할 수 있다. 물론 발칸 지역의 민속 음악이나 클라우디오 몬테베르디의 마드리갈을 녹음으로 들을 수도 있지만 비틀즈나 라 펠린의 음악을 들을 때와는 감상하는 관점 자체가 다르다. 가장 본질적인 차이는 연주자가 곡에 끌려가는가, 아니면 곡을 이끄는가에 달려 있다.

민속음악이나 마드리갈은 누가 연주하든 노래하든 거의(거의!) 중요하지 않다. 물론, 오페라 아리아는 누가 부르느냐에 따라 달라진다. 칼라스가 부를 때와 다른 성악가가 부를 때 다른 감정을 불러일으키며, 마드리갈도 레자르 플로리상이 연주하느냐 다른 앙상블이 연주하느냐에 따라 우리의 감상 경험이 달라진다. 하지만 비틀즈가 부른 〈렛잇비Let It Be〉와 다른 음악가들이 재해석해 부르는 〈렛잇비〉를 들을 때 느껴지는 차이는 단순한 곡 해석이나 표현 방식의 차이로만 설명될 순 없다. 〈렛잇비〉는 비틀즈가 작곡했을 뿐만 아니라 비틀즈를 '위한' 곡이기 때문에 아무리 실력이 뛰어난 아티스트가 부른다 해도 원곡만큼의 울림을 줄 수는 없다. 반면 마드리갈은 몬테베르디가 레 자르플로리상이나 특정 음악가를 위해 작곡한 곡이 아니다.

> 무대 공연과 라이브 연주의 즐거움 역시 팝 음악을 특징 짓는 중요한 특징이다.

무대 그리고 관객과 맺는 관계는 라 펠린에게 있어서 가장 근본적이고 중요한 경험이다. 이 아티스트는 무대를 사랑하며, 스스로도 말했듯, 무대를 하나의 에로틱한 형태, 청중과의 육체적인 교감으로 여긴다. 2022년 12월, 라 펠린은 인도에서 투어 콘서트를 열었다. 인도 남부 코치를 지나는 동안 도심 한가운데 있는 야외무대에서 공연을 펼쳤다. 밤이 찾아오고, 화려한 조명이 움직이기 시작한다.

아녜스 게로

점차 차량이 몰려들어 교통 체증이 생긴다. 그녀는 무대 위에서 관객들이 춤을 추기 시작하는 모습을 본다. 감각적이면서도 반복적인 선율로 이뤄져 몸을 격렬히 움직이게 만드는 음악도 아닌데 말이다. 이러한 순간은 바로, 모든 아티스트를 사로잡는 공연의 마법이다.

그러나 라 펠린은 철학자가 아니다. 아녜스 게로는 이 두 활동을 의도적으로 구분한다. 각 활동이 서로 다른 방식으로 그녀를 세계와 연결시키기 때문이다. 특히 자신의 저서인 『팝의 변증법』에 음악과 관련된 다양한 참고 자료들을 다루면서도 라 펠린에 대해서는 전혀 언급하지 않았다. 이는 아마도 그녀의 겸손함에서 비롯된 것일 테지만, 동시에 자신을 이루는 두 가지 면을 분리하려는 의지의 표현으로도 해석할 수 있다.

한 걸음 더 나아가기

철학자 아녜스 게로는 「프랑스어, 두 번째 언어 Le français, deuxième langue」라는 기사에서 흥미롭게도 앵글로색슨 문화에서 비롯된 팝 음악을 연주하며 프랑스어로 노래할 때 발생하는 긴장감을 분석한다. 하지만 라 펠린의 음악은 오히려 이 긴장감을 조화로운 형태로 자연스럽게 들려준다. 이는 즉, 다소 거창하게 들릴지 모르지만, 음악의 사명은 그 기원이 아니라 음악이 지향하는 목표와 도달하고자 하는 이상에서 찾아야 한다는 증거다.

아녜스 게로

깊이

파고들기

아녜스 게로, 「프랑스어, 두 번째 언어」, 『오디마』, 제2권, 제4호, 2015, 39~66쪽.

아녜스 게로·기욤 외게·구스타보 고메스메히아, 「비판 이론과 녹음된 음악 Théorie critique et musique enregistrée」, 『소통과 언어』, 제2권, 제184호, 2015, 25~39쪽.

아녜스 게로, 『팝의 변증법』, 파리, 라 데쿠베르트, 2018.

코르넬리우스 카스토리아디스 (1922~1997)

OECD 경제학자

> "경제를 둘러싼 신화를 해체하고
> 사회적 상상력의 개념을 제시하다"

철학자 코르넬리우스 카스토리아디스는 유럽경제협력개발기구(OECD)의 경제학자로 활동했으며 동시에 정치 운동에도 참여했다. 이처럼 다양한 사회적 활동은 그가 제시한 '급진적 상상력' 개념과 깊은 연관이 있다.

코르넬리우스 카스토리아디스는 1922년 콘스탄티노플에서 태어나 어린 시절과 청년기를 모두 그리스에서 보냈다. 이후, 1945년 파리로 건너가 철학 논문을 준비했다. 1948년 마셜 플랜 실행을 위해 유럽경제협력기구(OECE)가 설립되고 같은 해에 그는 그곳에서 경제 전문가로 활동하기 시작했다. 제2차 세계대전 이후 유럽 재건을 지원하기 위해 미국이 주도한 이 대규모 경제 지원 계획은 1952년에 종료되었다. 1961년 OECE가 OECD로 개편된 후에도 카스토리아디스는 1970년까지 그곳에서 경제 전문가로서의 활동을 이어갔다.

그의 임무 중 하나는 각국의 경제 상황을 통계적으로 분석하고, 해당 국가 지도자들에게 경제 건전성을 개선할 수 있을 만한 아이디어와 전망을 제공하는 것이었다. 매년 OECD는 국가별 보고서를 발행한다. 어떤 보고서인지 더 정확히 이해하기 위해 카스토리아디스가 그만둔 해인 1970년 프랑스 관련 OECD 보고서를 살펴보자. 보고서에는 인구 조사 내용과 국토 면적, 생산량, 대외 무역 그리고 정부 지출 및 수입과 관련된 데이터가 포함되어 있다. 또한 1,000명당 그 앞으로 준공된 주택 수와, 등록된 전화기 보유 수를 주요 지표로 삼아 1인당 생활수준을 산출했다. 2021년 11월에 발행된 보고서에서는 더 이상 전화기 보유 수나 생활수준에 대해 언급하지 않는다. 반면 통계 데이터는 더욱 복잡해졌다. 이제 환경 관련 요소나 교육 수준과 같은 여러 가지 변수가 고려된다. 따라서 카스토리아디스가 살았던 세계는 오늘날 우리가 살아가는 세계와 다르다. 그럼에도 불구하고 우리 공동체의 삶과 인식에서 경제가 차지하는 비중은 여전히 크다.

경제학자로서 그는 경제가 이른바 합리적이고 따라서 과학적인 학문이라는 주장 자체를 믿지 않았다. 바로 그러한 이유로 22년 동안 경제학자로 일했으며, 지적 활동의 상당 부분을 이 문제를 탐구하는 데 할애했다. 철학자로서 젊은 시절 트로츠키주의 운동가였는데, 결국 마르크스주의와 자신이 '부르주아 정치경제학'이라고 부른 것을 모두 동일하게 비판하며 거리를 두었다. 그에 따르면 이 두 이데올로기는 모두 경제가 인간의 개입과 무관하게 작동하는 필연적 체계라고 믿는 '신화적 사고'에 갇혀 있다.

> 카스토리아디스는 경제를 신화의 영역이라고 생각했다. 이 말은 경제가 실제로 효과를 발휘하지 않는다는 뜻이 아니다. 경제는 재화와 서비스의 유통 및 거래 조정을 통해 사회를 구성한다.

카스토리아디스가 말하는 '신화'라는 표현은 두 가지 의미로 이해해야 한다. 첫째, 그는 사회와 역사가 필연성과 결정론의 산물이어서 불가피하게 따를 수밖에 없고, 이러한 속성을 변화시킬 수도 없다는 생각을 거부한다. 예를 들어, 시장의 법칙에 대해 이야기할 때 흔히 들을 수 있는 말들이 그렇다. 마치 우리를 지배하는 어떤 순수하고 독립적인 경제 원리가 실제로 존재한다는 듯 말하지 않는가. 둘째, 신화가 존재한다면 어떤 현실이든 형태나 가치와 상관없이 상상력에 뿌리를 두고 있다는 의미다. 이 상상력이라는 개념은 카스토리아디스 사상의 중심에 자리한다. 그는 1975년에 출간된 저서 『사회의 상상적 제도화L'institution imaginaire de la sociét』에서 인간의 삶 안에 개인적인 삶뿐만 아니라 공동체적 삶이 어떻게 상상력이라는 토대 위에 형성되는지 보여준다. 이러한 기반 위에서 사람들은 가치를 창조하고 그 안에 자신을 투영하며 살아간다. 현재 세계를 주도하는 경제 체제도 이 원칙에서 예외일 수 없다. 제도로 자리 잡은 것이라도 사라질 수 있으며, 그러면 그 자리에 새로운 창조 가능성이 싹틀 수도 있다. 카스토리아디스는 세상을 변화시키면 곧 틀에 갇힌 우리의 상상력을 해방할 수 있다고 믿었다.

> **한 걸음 더 나아가기**
>
> 상상력은 흔히 환상의 영역으로 간주되며 사물의 질서와 진리를 결정하는 이성과 대비된다. 카스토리아디스는 이 전통적인 틀을 뒤집는다. 신화는 우리가 생각하는 곳에 있지 않다. 오히려 신화는 단순히 기술적, 나아가 관료적 이성이 절대 진리로 자리 잡았다는 견고한 믿음 속에 존재한다.

코르넬리우스 카스토리아디스

깊이
파고들기

코르넬리우스 카스토리아디스, 『사회의 상상적 제도화』, 파리, 쇠이유, 1975.

뱅상 데콩브·플로랑스 지우스트 데프레리 엮음, 『자율성 상상하기: 카스토리아디스, 급진적 사상의 현재성maginer l'autonomie: Castoriadis, l'actualité de la pensée radicale』, 파리, 쇠이유, 2021.

프랑수아 도스, 『카스토리아디스: 인생Castoriadis: Une vie』, 파리, 라 데쿠베르트, 2014.

「뱅상 데콩브와의 인터뷰」(클레르 파주 진행), 『뤼 데카르트 저널Rue Descartes』, 제2권, 제96호, 2019, 80~92쪽.

장자크 루소(1712~1778)

악보 필사가

> "대세를 좇지 않는 신념을 통해
> 자신만의 예술적 가치를 지키다"

장자크 루소는 『사회계약론』과 『에밀』의 저자로 유명한 동시에 당대에 큰 성공을 거둔 단막 오페라 〈마을의 점술가Le Devin du village〉 작곡가이기도 하다. 음악은 루소의 생계 수단이었다. 그는 오랜 시간 동안 악보를 필사하며 살았다.

루소의 책은 분량이 방대할 뿐 아니라, 내용 또한 다양하고 심오하며 독보적이다. 그는 특히 정치철학과 도덕철학 분야에서 각각의 사상의 흐름을 뒤바꾼 철학 작품을 남겼다. 『쥘리, 새로운 엘로이즈Julie, ou la nouvelle Héloïse』를 통해 소설 문학에도 혁신을 가져왔다. 이 서간체 소설은 당시 큰 반향을 일으켰으며 낭만주의를 대표하는 선구적 작품으로 평가된다. 그는 『음악 사전Dictionnaire de musique』을 비롯해 작곡가 장필립 라모를 정면으로 비판해 유명해진 『프랑스 음악에 대한 논고Discours sur la musique française』 등 음악에 관해 수많은 글을 썼다. 그의 천재성은 글쓰기에만 국한되지 않는다. 음악 사상가로서 루소는 음악가이기도 했고, 플루트와 바이올린을 연주할 줄 알았다. 여러 음악 작품을 작곡했으며, 그중에서도 그의 오페라 발레 〈마을의 점술가〉는 파시에서 탄생했다(파시는 현재 파리에 통합되어 있으며 케네디 대통령 대로에 위치한 프랑스 공영 방송사 라디오 프랑스의 본사인 '라디오와 음악의 집'과 같은 거리에 있다).

오늘날, 루소의 오페라를 아는 사람들은 많지 않지만, 이는 1752년 10월 18일, 루이 15세가 머물던 퐁텐블로 성에서 처음으로 공연되었고, 18세기에는 아주 큰 성공을 거두었다. 루이 15세는 형편없는 노래 실력으로 유명했지만, 공연이 끝난 후 며칠 동안 줄곧 "내 하인을 잃었으니, 내 모든 행복도 사라졌네"라는 노래의 후렴구를 흥얼거렸다고 전해진다. 그런 루이 15세는 루소의 음악 활동과 삶 전반을 경제적으로 후원하고자 했으나, 음악으로 크게 성공해 자신감이 생긴 루소는 이를 거절했다. 그 대신 악보 필사로 먹고사는 길을 택했다. 악보를 필사하는 일은 곧 손으로 악보를 베껴 쓰는 일을 의미한다. 이 수공업 작업은 당시 사회적으로 거의 인정받지 못하고 수익성도 낮았다. 『루소, 장 자크를 심판하다: 대화』[31]를 읽으면, 루소가 한 장을 필사할 때마다 10솔을 받았다는 사실을 알 수 있다. 당시 노동자의 하루 평균 임금은 15솔이었다.

> 악보를 손으로 옮겨 적는 작업에는 꾸준한 집중력과 매우 정교한 필체가 필요하다. 작은 실수 하나라도 치명적이라, 실제로 한 번 틀리면 처음부터 다시 써야 한다.

루소는 자신이 실력 없는 악보 필사자로, 작업 속도도 매우 느리고 실수도 잦았다고 말했다. 스스로를 무능하다고 평가했지만 그럼에도 불구하고 1770년부터 1777년까지 무려 11,200쪽에 달하는 악보를 필사했다. 느리더라도 성실하게 임한다면 방대한 작업량도 거뜬히 해낼 수 있음을 증명해 보였다.

루소가 활발히 활동하던 18세기에 인쇄 기술은 이미 충분히 발달해 있었다. 그렇다면 그는 왜 악보를 손으로 필사해야 했을까? 이 질문에 대한 답을 얻으려면 그의 『음

---

[31] 편집자 주 - 장자크 루소, 『루소, 장 자크를 심판하다: 대화』, 진인혜 옮김, 책세상, 2012.

악 사전』을 펼쳐 '필사자' 항목을 살펴봐야 한다. 매우 독창적인 이 항목에서 루소는 그가 '인쇄술'이라고 부르는 기술이 음악에 적합하지 않은 두 가지 이유를 제시한다. 첫 번째 이유는 다소 뜻밖이다. 이는 당시 시대의 취향과 관련이 있는데, 그의 말을 직접 인용하자면, "책은 여러 번 읽어도 쉽게 질리지 않지만, 같은 노래에는 금방 싫증이 난다." 두 번째 이유는 더욱 공감할 만하다. 악보를 각인하는 작업에는 막대한 비용이 들며, 음악 표기법이 복잡하기 때문에 인쇄술을 활용하기 어렵다. 결국 악보를 인쇄하려 해도 일반적인 문자로 된 글을 인쇄할 때보다 수익성이 떨어질 가능성이 크다. 원고, 예를 들어 『사회계약론』과 같은 글을 복제하는 일은 간단하다. 반면, 다섯 줄이 그려진 오선지와 음표 그리고 샵, 플랫, 쉼표 등 악보에서 사용되는 다양한 기호를 재현하기 위한 판각 인쇄의 경우 과정이 굉장히 까다롭기 때문이다.

한 걸음 더 나아가기

루소에게 악보 필사는 단순한 베껴 쓰기와는 전혀 다른 일이었다. 실제로 그는 필사란 원본을 똑같이 베껴 쓰는 작업 그 이상이어야 한다고 생각했다. 루소의 글에 따르면, 음악가가 편하게 연주할 수 있도록 "필사자는 음표를 또렷하게 적어 읽기 좋게 만들어야 한다."[32] 즉, 악보는 읽기 쉬워야 하고 연주하는 데 불편함을 주지 않아야 한다고 봤다. 이러한 점에서 필사자의 손길은 작품의 연주에 매우 실질적으로 기여한다. 음악가의 연주를 따라가다 보면 모르는 사이에 필사자의 작업을 귀로 듣고 있는 셈이다. 필사한 악보 속에는 필사자의 흔적이 남아 있기 때문이다.

[32] 장자크 루소, 『음악 사전』, 『전집』 제5권, 파리, 갈리마르(플레이아드Pléiade 총서), 1995, 736쪽.

깊이 파고들기

세실 레노, 「장자크 루소, 작곡가이자 필사자Jean-Jacques Rousseau, compositeur et copiste」, 『프랑스국립도서관 학술지Revue de la Bibliothèque nationale de France (BnF)』, 제3권, 제42호, 2012, 80~88쪽.

장자크 루소, 『음악 사전』, 『전집』 제5권, 파리, 갈리마르(플레이아드 총서), 1995.

장자크 루소, 『음악을 위한 새로운 기호에 관한 구상Projet d'une nouvelle notation musicale, dans Œuvres complètes』, 『전집』 제5권, 파리, 갈리마르(플레이아드 총서), 1995.

자클린 웨버, 「악보 필사자로서의 루소: 작가의 또 다른 모습Rousseau copiste de partitions: un autre visage de l'auteur?」, 미카엘 오디어 엮음, 『2012년의 장자크 루소: "결국 내 이름이 계속 남아야 하므로"Jean-Jacques Rousseau en 2012: Il faut bien que mon nom reste à la fin』, 옥스퍼드, 볼테르 재단, 2012.

장 멜리에 (1664~1729)

신을 믿지 않는 사제

"사실상 종교는 인간을 위해 존재하지 않는다고 믿다"

장 멜리에는 프랑스 동부 로랭 지역에 속한 작은 마을의 평범한 주임신부로, 사는 동안 특별한 사건 없이 지냈다. 그러나 그가 세상을 떠날 때 남긴 유언에는 모순적인 내용이 담겨 있었다. 이 유언에서 그는 한편으로는 타협 없는 무신론을 옹호하고, 다른 한편으로는 유토피아적이면서 동시에 시대에 뒤떨어진 '토지 공산주의'에 가까운 평등주의를 주장했다.

신부이면서 무신론자라니, 솔직히 말해 멜리에의 사례는 결코 평범하다고 할 수 없다. 멜리에는 비교적 평온한 삶을 살았다고 할 수 있다. 가족의 뜻에 따라 성직자의 길을 걷게 되었던 그는 1689년 신부 서품을 받고 샤를빌 근처의 에트레피니와 발레브 마을에서 시골 주임신부로 평생을 보냈다. 상급 신부들이 작성한 수많은 보고서에 따르면 장 멜리에는 훌륭한 신부였다. 여러 덕목을 갖춘 사제로 인정받았으며, 그중에서도 특히 절제력이 높이 평가되었다. 그는 사제로서 지켜야 하는 의무에 충실했다. 본분에 따라 예배와 각종 의식을 집전했고, 마을 모든 아이들에게 세례를 내렸다. 또한 본당의 재정도 체계적으로 운영했다. 한 보고서에는, 표현을 그대로 인용하자면, 심지어 그의 서재에 '좋은 책'들이 비치되어 있다고까지 적혀 있다. 장 멜리에는 흠잡을 데 없는 존경할 만한 사제였다.

그러나 평탄해 보이는 그의 삶에도 핵심적인 사건이 하나 있었다. 그가 남긴 행정 문서에는 한 가지 중대한 일이 기록되어 있는데, 어느 주일 미사 때 지역 영주인 앙투안 드 투이이를 위해 신의 은총을 구하는 기도를 드리지 않겠다며 거부한 일이었다. 멜리에의 눈에는 이 영주가 가난한 마을 주민과 고아들을 박해하는 인물이었기 때문이다. 그는 대담한 행동 이후 대주교로부터 질책받았으며 이와 관련해 주일 설교에서 다음과 같이 응답했다. "이것이 안타까운 시골 주임신부들의 평범한 운명입니다. 대주교들은 상류계급이기에 우리를 멸시하고 우리의 말을 들으려 하지 않습니다. 그들의 귀는 오직 귀족들을 향해 열려 있을 뿐입니다. 그러니 이 지역의 영주를 위해 기도합시다. 우리는 앙투안 드 투이이를 위해 주님께 기도하겠습니다. 그를 변화시켜 주시어, 그가 가난한 이들을 박해하지 않고, 고아들의 것을 빼앗지 않도록 은총을 내려주소서."[33]

> 처음엔 장멜리에가 무신론자라는 게 잘 느껴지지 않는다. 오히려 그는 가장 약한 이들과 빈곤한 이들을 위해 근심하는 성직자로 보인다.

겉보기에 장 멜리에는 우리가 성직자에게 기대하는 모습을 그대로 보여준다. 이 신부의 무신론적 입장을 이해하려면 방향을 바꿔 그의 죽음을 살펴봐야 한다.

1729년 여름, 신부가 세상을 떠난 후 그의 유언장에서 여러 편지가 발견되었다. 그중 한 편지에서 멜리에는 동료 성직자들에게 본당으로 가서 자신이 남겨둔 원고를 찾아와 달라고 부탁한다. 이 원고는 그의 회고록으로 소개되며, 특히 제목이 명시하듯 "세상의 모든 신과 모든 종교의

---

[33] 익명, 「저자의 생애 개요 Abrégé de la vie de l'auteur」, 『장 멜리에 전집 Œuvres complètes』 제1권, 장 드프랭·롤랑 데네·알베르 소불 편집, 파리, 앙트로포 출판사, 1970, 서문, 27~28쪽.

헛됨과 거짓됨에 대한 명확하고 분명한 증명"을 다뤘다. 이 내용이 얼마나 큰 충격을 불러일으켰을지 쉽게 짐작할 수 있다. 이 유물론 철학 논고에서 멜리에는 종교의식과 예배를 '인간의 발명품'으로 규정한다. 특히 권력자들이 가하는 민중 탄압을 강하게 비판했다. 그의 표현에 따르면 종교는 '상상의 보상'을 미끼로 내세워 사람들이 자신의 처지를 그대로 받아들이게 만들고 결국 인간 사이에 불평등을 조장한다.

그의 비판은 부드럽게 말하면 급진적이다. 장 멜리에의 첫 전기를 쓴 볼테르조차도 종교를 비판하는 데 이렇게까지 극단적이지는 않았다. 더구나 볼테르는 멜리에의 글 일부를 발췌하고 엮어 출간하면서 유감스럽게도 무신론자인 그를 이신론자로 만들었다.

한 걸음 더 나아가기

장 멜리에 안에서는 철학자와 신부, 두 자아가 충돌하고 있었다. 한편으로, 그는 자신의 의무를 정성을 다해 수행하는 선량한 시골 신부였고, 다른 한편으로는 세상을 떠난 후 드러난 무신론자이자 유물론을 옹호하는 철학자였다. 즉, 한 사람의 진정한 '자아'가 살아 있는 동안 반드시 다른 이들에게 드러나는 것은 아니다. 장 멜리에는 죽은 뒤에야 비로소 자신을 내보이며 진정한 모습 그대로 사람들 앞에 설 수 있었다.

깊이
파고들기

플로리앙 브리옹, 「분노하는 지혜: 무신론자이자 파레이시아스트인 신부 장 멜리에La sagesse colérique de Jean Meslier, prêtre athée et parrhêsiaste」, 『철학 논총Cahiers de philosophie』, 제120권, 제4호, 2009, 51~71쪽.

모리스 도망제, 『멜리에 신부: 루이 14세 시대의 무신론자, 공산주의자, 혁명가』, 파리, 쥘리아르, 1965, 프랑스 사회사 연구소 재판, 2008.

장 파브르, 「본연의 모습으로서의 멜리에Meslier tel qu'en lui-même...」, 『18세기Dix-huitième siècle』, 제3호, 1971, 107~115쪽.

장 멜리에, 『전집』 제3권, 롤랑 데네·장 드프랭·알베르 소불 편집, 파리, 앙트로포 출판사, 1970~1972.

샤를 루이 드 몽테스키외 (1689~1755)

판사

> "정치적 자유와 정의 실현을 위한 균형 체계를 만들다"

※

현대 법학과 정치에 대한 성찰의 근본적인 고전 중 하나인 『법의 정신』을 집필한 저자가 판사라니, 자연스럽게 수긍이 간다. 몽테스키외는 보르도 의회 의장을 지냈지만 대표작에서는 정의에 대해 그다지 많이 언급하지는 않는다. 그의 철학적 탐구는 직업적으로 매일 다뤄야 했던 주제와는 다른 대상에 초점을 맞추고 있다.

사법권, 행정권, 입법권으로 나뉜 권력 분립 개념으로 유명한 이 사상가는 1714년부터 1726년까지 보르도 의회에서 법관으로 활동했다. 처음에는 자문 판사로 임명되었으며 1716년부터 의회 의장을 맡았다. 자문 판사일 때는 투르넬 법정 소관인 형사 사건들을 담당했다. 가장 중요한 일 가운데 하나는 '카고' 또는 '카고트'라고 불리는 사람들의 권리에 관한 사건이었다. 나병 환자일지도 모른다는 의심으로 차별받았던 인물들과 관련된 일이었으며, 몽테스키외는 이들의 평등한 사회 참여를 위해 힘썼다. 1724년 1월 19일, 그는 1723년 7월 7일 보르도 의회가 내린 '카고'의 권리 인정을 존중하라는 판결문에 서명했다. 몽테스키외의 행동은 보르도 의회의 결정을 더욱 힘 있게 뒷받침했고, 그 결과 '카고'가 공직을 맡거나 교회에 출입하는 행위가 허용되었다.

몽테스키외는 법관으로서 특별히 적극적이었다고 평가받지는 않는다. 오히려 자신의 포도밭과 파리에서의 생활에 더 많은 관심을 두었던 것으로 보인다. 그곳에서 사교 활동과 문학 활동을 즐기며 『페르시아인의 편지$^{Lettres\ Persanes}$』라는 저서를 내기도 했다. 그러나 몽테스키외는 법관이라는 역할과 책임을 깊이 존중했다. 1725년 11월 11일 보르도 의회 개원식에서 그가 한 연설에서도 이러한 점이 잘 드러난다. 당시의 표현을 빌리자면 이른바 '메르퀴리알'[34]에서 "몽테스키외는 법관들에게 필수적인 덕목이 정의라고 전제하며, 자신은 오직 '부수적인' 요소들에 대해서만 이야기하겠다고 밝혔다. 그는 정의가 이성적이고 명확해야 하고, 신속하며, 지나치게 엄격하지 않고, 궁극적으로 '보편적'이어야 한다고 강조했다."[35] 그에 따르면 훌륭한 법관은 특히 진실과 거짓을 가려내는 능력과 인간미를 갖춘 사람이다.

법관들에게 정의는 당연히 지녀야 할 덕목으로 간주된다. 하지만 그렇다고 해서 실제로 모든 법관들이 정의롭다는 의미는 아니다.

『법의 정신』 전체 31권을 통틀어 정의 그 자체보다는 법에 대한 논의가 훨씬 더 많다. 물론, 대부분은 민법과 형법 맥락에서 정의가 관련되어 있긴 하지만 말이다. 특히 1권에는 정의에 관한 다양한 고찰이 담겨 있으며, 그중에서도 인간과 무관하게 성립된 질서인 자연법과 인간이 법을 통해 제정한 실정법을 구분하는 논의가 포함되어 있다. 하지만 정작 엄밀한 의미에서 설명되는 정의 자체에 대한 이

34 옮긴이 주 - 법관들의 역할과 윤리를 논하는 공식 연설
35 피에르 레타, 「판결과 법 집행을 규율해야 하는 공정성에 대한 연설Discours sur l'équité qui doit régler les jugements et l'exécution des lois」, 『몽테스키외 사전Dictionnaire Montesquieu』, 카트린 볼피아크오제·카트린 라레르 엮음, 리옹 고등사법학교, 2013년 9월(온라인 자료).

론은 찾아볼 수 없다. 더구나 카트린 볼피아크오제와 카트린 라레르가 기획과 편집을 총괄한 『몽테스키외 사전』에서 '정의'라는 항목은 아예 존재하지 않는다. 하지만 정의는 몽테스키외의 작품 전체를 관통하는 개념이다. 다만, 그럼에도 그는 정의와 부정을 이론적으로 정립하려는 입장은 아니다. 몽테스키외는 법과 관습 그리고 정부 형태 간의 관계를 비교 연구하는 데 집중했다. 그의 접근 방식은 오히려 정치적 자유를 중시하는 정치사상의 맥락에서 받아들여야 한다. 그는 정치적 자유를 '각자가 자신이 안전하다고 확신하는 마음에서 비롯되는 평온한 상태'라고 정의한다.

바로 이러한 정치적 자유의 원칙에 따라 그의 권력분립 이론을 이해해야 한다. 이 이론은 흔히 '권력분리'라고 불리는데, 정확하지 않은 표현이다. 실제로는 사법권만이 다른 두 권력과 '분리'되어 있기 때문이다. 예를 들어 만약 판사가 입법자의 역할까지 한다면 자신이 적용할 법을 직접 제정하는 셈이다. 그렇게 되면 독단적인 권력 행사로 이어질 위험이 있다. 이렇듯 몽테스키외는 인류학적 관찰과 분석을 중심으로 권력분립 이론을 주장했고, 이에 따라 권력을 제한하고 균형을 맞추려고 애를 썼다.

권력을 장악한 인간은 본래 손에 쥔 힘을 남용하는 경향이 있다. 몽테스키외의 유명한 말에 따르면 "권력이 권력을 견제할 수 있도록 구조를 설계해야 한다." 이는 권력분립의 의미이자 목표로, 각 기관은 나머지 다른 두 기관을 조율하고 감시하는 역할을 해야 한다.

> ### 한 걸음 더 나아가기
>
> 틸 하니슈의 지적처럼 몽테스키외는 그 어떤 체계적인 정의 이론도 제시하지 않았다. 그러나 "그의 저작 활동 전체는 정의가 실현될 수 있는 여러 조건과 형태를 탐구하는 광범위한 연구로 이해될 수 있다."[36] 이를테면, 감히 이렇게도 말할 수 있다. 어느 곳에도 정의는 없지만 어느 곳에나 정의가 있다.

---

[36] 틸 하니슈, 「몽테스키외 사상에서의 절제, 정의 그리고 판단Modération, justice et jugement chez Montesquieu」, 『다시 읽는 법의 정신Re lire L'Esprit des lois』, 카트린 볼피아크오제 엮음, 파리, 소르본 출판사, 2014년(온라인 자료).

깊이
파고들기

틸 하니슈, 『몽테스키외 사상의 정의와 사법 권력Modération, justice et jugement chez Montesquieu』, 카트린 라레르 서문, 파리, 클라시크 가르니에, 2015.

카트린 라레르·카트린 볼피아크오제 엮음, 『몽테스키외 사전』, 온라인 자료: https://dictionnaire-montesquieu.ens-lyon.fr/fr/accueil.

카트린 라레르, 『몽테스키외의 현재성Actualité de Montesquieu』, 파리, 시앙스포출판부, 1999.

셀린 스펙토르, 『몽테스키외: 자유, 법 그리고 역사Montesquieu: Liberté, droit et his- toire』, 파리, 미샬롱, 2010.

아서 단토 (1924~2013)

미술 평론가

"구체적인 예술 경험을 제안하고
대중과 예술의 관계를 재정의하다"

아서 단토는 저서 『일상적인 것의 변용』[37]을 통해 사람들의 예술적 인식에 깊은 영향을 미쳤다. 오늘날 모든 것이 예술이 될 수 있으며, 단토는 이러한 가능성을 반긴다. 그의 예술 비평 활동은 인상적인 철학적 탐구와 연결되며, 젊은 시절 예술가로 활동한 경험과도 맞닿아 있다.

아서 단토는 예술과 현실 사이의 모호한 경계를 탐구하는 데서 출발해 "예술이란 무엇인가?"라는 질문을 이론적으로만 규명하지 않고 한 걸음 더 나아갔다. 『예술의 세계 The Artworlds』를 집필한 그는 예술 비평가로서 그 세계에 속해

---

[37] 아서 단토, 『일상적인 것의 변용』, 김혜련 옮김, 한길사, 2008.

있었다.

단토는 60세가 된 1984년부터 《더 네이션》에서 예술 비평을 시작했고, 동시에 뉴욕 컬럼비아대학교에서 철학 교수로 화려한 경력을 쌓고 있었다. 그의 예술 비평 글은 프랑스어로 번역되어 「미래의 성모La Madone du futur」[38]라는 작품으로 발표됐다. 미국판 원제와 동일한 작품의 제목은 헨리 제임스의 소설에서 따왔다. 이 소설은 테오발트라는 화가가 이상적인 성모를 그리고자 하는 열망에 사로잡히며 펼쳐지는 이야기를 담고 있다. 주인공 테오발트는 완벽함에 대한 집착 때문에 자신의 역작을 끝내 시작조차 하지 못한다.

「미래의 성모」 서문에서 단토는 이 제목을 선택한 이유를 두 가지로 설명한다. 첫째로, 그가 시간성을 이해하는 방식을 잘 보여준다는 점에서다. 단토는 미래를 아직 오지 않은 시간이 아니라 이미 도래한 현재의 일부분으로 인식하는데, 이는 그의 시간 개념과 연결된다. 그는 다음과 같이 이야기했다. "나는 마치 먼 미래에서 현재를 회상하는 듯한 방식으로 이미 지나가 버린 과거처럼 미래를 바라보려고 한다."[39] 둘째로, 그가 농담처럼 말했듯, 미국에서는

---

[38] 미국판: 『미래의 성모The Madonna of the Future』.

[39] 아서 단토, 『미래의 성모』, 클로드 아리셰퍼 옮김, 파리, 쇠이유, 2003, 15쪽.

제목이 저작권 보호를 받지 않기 때문에 누구나 자유롭게 제목을 사용하고, 자기 것으로 삼아 원작자가 의도한 바와는 다른 의미를 부여할 수 있다는 점에서다. 게다가 단토처럼 기존의 창작물을 차용해 활용하는 방식은 현대 예술의 전형적인 특징 중 하나이기도 하다.

> 아서 단토는 자신의 예술 비평 활동에 세 가지 목표를 설정했다.

첫째, 예술 비평은 작품의 의미를 밝혀내야 한다. 이는 당연해 보이지만 항상 그렇지는 않다. 예술 작품이 어떤 의미를 담고 있다는 생각에 모두가 동의하는 것은 아니다. 일부는 작품이 그 자체로 완전하기 때문에 이를 오직 보이는 그대로 받아들이기만 해도 충분하다고 본다. 즉, 우리가 감각을 통해 작품을 경험하는 것 이상으로 말을 보탤 필요가 없다는 주장이다. 하지만 단토는 대중과 예술의 관계가 감각적 경험으로 제한된 순수한 미적 체험에 불과하다는 이와 같은 생각에 강하게 반대한다. 둘째, 비평 대상이 된 전시를 꼭 직접 보지 않아도 읽고 이해할 수 있는 글이어야 한다. 실제로 《더 네이션》은 미국 전역에 배포된다. 단토가 분석하는 대부분의 예술 작품이 전시되는 곳은 뉴욕이지만, 캘리포니아나 텍사스에 거주하는 독자들도 작품을 직접 보지 않고도 그 내용을 쉽게 이해할 수 있어야 하기 때문이다. 셋째, 바로 자신이 가치를 높게 평가하는 작품만을 선택해야 한다. 아서 단토는 일부 비평가들이 예술가의 작업을 깎아내리고 조롱하는 데서 즐거움을 찾는 태도를 "비열하다"고 표현할 정도로 단호하게 비판한다.

결국 단토의 세 가지 목표는 하나의 원칙, '열린 마음'에 바탕을 두고 있다. 예술에 대한 취향은 개인적인 경험에 국한되지 않으며 함께 나눌 수 있다(첫 번째 목표). 예술 비평가는 직접 작품을 보지 않은 사람들도 이해할 수 있는 글을 쓰고, 이를 통해 작품을 접할 수 있도록 한다(두 번째 목표). 비평의 수준과 설득력은 얼마나 작품을 깎아내리는가로 평가되지 않고 오히려 예술가들의 작업을 얼마나 포용할 수 있는가로 판단된다(세 번째 목표).

> 비평가라는 그의 직업은 실제로 철학자로서의 활동과 접점이 많다. 그는 예술 비평을 쓰는 방식으로 예술철학을 탐구한다.

그의 두 가지 활동, 즉 철학과 예술 비평은 무엇보다도 예술을 특별한 탐구 대상으로 삼는다는 공통점이 있고 이는 그의 글쓰기 방식에서도 드러난다. 단토의 글은 정확하면서도 따뜻하고 유쾌하다. 그가 글을 쓸 때 스스로에게 요구하는 명확성, 논리적 일관성, 간결성은 철학자에게도 중요한 덕목이다. 그러나 이 두 가지 글쓰기 방식이 완전히 일치하지는 않는다. 시간을 자유롭게 쓸 수 있는 예술 철학과 달리 예술 비평은 시간적 제약을 받는다.

앞서 언급했듯이, 단토의 글은 전시를 직접 보지 않아도 이해할 수 있다. 하지만 그렇다고 하더라도 그는 비평한 작품을 직접 보러 갈 수도 있는 독자들을 또한 염두에 두고 글을 쓴다. 그가 남긴 글에 따르면, "내 역할 중 하나는 독자들이 전시를 보다 잘 감상하고 이해하도록 돕는 것이다."[40] 따라서 독자는 미술관이나 갤러리에 방문하기 전에 비평을 충분히 일찍 읽고 생각할 시간이 필요하다. 물론, 철학적 글쓰기에는 이러한 제약은 없으며, 독자와 맺는 시간적 관계도 이와 전혀 다르다.

한 걸음 더 나아가기

아서 단토가 예술 비평을 통해 자신의 철학적 미학을 실험했을 것이라고 생각할 수도 있다. 그러나 시간 순서대로 살펴보면 실제로는 그렇지 않았다. 단토는 1964년에 이미 자신의 사상을 이루는 핵심 개념을 정립했다. 그가 예술 비평가가 되기 20년 전의 일이다. 예술 작품을 이해하는 과정에서 철학적 개념이 더욱 정교해진다고들 하지만 아서 단토의 경우에는 그 반대였을 수도 있다.

깊이

파고들기

아서 단토, 「예술의 세계」(1964), 다니엘 로리 편집, 『분석 철학과 미학Philosophie analytique et esthétique』, 파리, 클링크지크, 1988.

아서 단토, 『일상적인 것의 변용』, 김혜련 옮김, 한길사, 2008.

아서 단토, 『미래의 성모』, 클로드 아리셰퍼 옮김, 파리, 쇠이유, 2003.

다비드 제르비브, 「예술가이자 비평가로서의 철학자 초상: 아서 단토와의 인터뷰Portrait du philosophe en artiste et critique: Entretien avec Arthur Danto」, 『프로테우스Proteus』, 제7호, 2014.

「아서 단토Arthur Danto」 특집호, 『철학 연구Cahiers Philosophiques』, 카노페 네트워크, 제1권, 제144호, 2016.

마르쿠스 아우렐리우스 (121~180)

황제

**"철학적 사유에 기반한 통치 이념으로
자신과 국가를 다스리다"**

마르쿠스 아우렐리우스는 황제로서 161년부터 180년 사망할 때까지 20년 동안 로마를 통치했다. 젊은 시절부터 스토아 철학을 익혀 스토아주의자로서 왕좌에 올랐으며 거대한 제국을 책임지는 철학자로서 『명상록』을 집필했다. 『명상록』은 스토아 철학의 오랜 역사에서 중요한 저작 중 하나로 가장 후대에 쓰였다.

『반마키아벨리론Antimachiavell』을 저술한 프로이센의 국왕 프리드리히 2세처럼 수많은 왕과 국가 원수들이 스스로를 철학자로 자처했다. 그러나 진정한 의미에서 국가 원수이자 동시에 철학자였던 인물은 아우렐리우스뿐이다. 그는 지혜와 절제로 명성이 높았던 '안토니누스 왕조'의 위대한 황제들 중 마지막 인물이자, 스토아 철학 전통에서 마지막으로 등장한 핵심 사상가다.

부유한 가정에서 자란 마르쿠스 아우렐리우스는 젊은 시절 수사학, 스토아 철학 그리고 그림을 공부했다. 그는 안토니누스 피우스 황제의 양자가 되었으며 161년 40세의 나이에 그의 뒤를 이어 황제로 즉위했다. 그 후 20년 동안 황제로서 책임을 다했다. 피에르 아도의 말처럼 전례 없는 일이었다. "로마는 스스로를 철학자라 주장하는 황제를 맞이했으며 그중에서도 스토아 철학자를 황제로 두게 됐다."[41]

황제란 감당하기 벅찬 자리였다. 당시 로마 제국은 지중해 전역을 아우르고 있었으며, 내부 반란과 외부의 전쟁이 끊이지 않았다. 게다가 황제는 자연재해, 지진, 페스트 같은 전염병까지 책임져야 했다. 황제란 체제를 정비하고 결단력을 발휘할 줄 알아야 하며, 뛰어난 연설가이자 숙련된 전사여야 한다. 하지만 아우렐리우스는 수사학을 경계했고 전쟁을 좋아하지 않았다. 그럼에도 공개 연설을 해야 할 때도 있고, 제국이 공격당하면 전쟁을 치를 수밖에 없었다….

따라서 아우렐리우스가 황제로서의 자리를 특별히 좋

---

[41] 피에르 아도, 『내면의 성채: 마르쿠스 아우렐리우스 명상록 입문La Citadelle intérieure: Introduction aux Pensées de Marc Aurèle』, 파리, 파이아르, 1992, 31쪽.

아했다고 보기는 어렵지만 절제된 태도와 열의를 가지고 맡은 일을 충실히 수행했다. 그가 광활한 제국을 종횡무진 누비던 모습을 떠올려 보자. 그는 180년 로마에서 멀리 떨어진 판노니아 지역, 현재의 세르비아 인근에서 여러 전쟁을 치르던 중 생을 마감했다.

> 정치·군사적 책임이 막중해 철학적 사유를 할 여유가 없었을 것 같지만, 마르쿠스 아우렐리우스는 철학을 단순한 '학문'으로 삼기보다는 철학자로 '살아가기'를 원했다는 사실을 기억해야 한다.

황위에 오를 때 아우렐리우스는 이미 스토아주의자였으며, 철학은 그가 황제로서 책무를 감당하고 이성과 욕망을 다스리는 삶의 방식이었다. 즉, 그에게 철학은 단순한 이론이 아니라 실천하는 삶이었다.

아우렐리우스는 제목 없이 여러 단상을 기록했다. 오늘날, 이 기록을 『명상록』이라 부른다. 그 자신의 신념을 공고히 하고, 실천하며 살아가기 위해 스스로에게 건네는 권고의 글이다. 다음은 『명상록』 제2권에 나오는 한 구절이다. "새벽부터 스스로에게 말하라. 나는 오늘 경솔한 자, 배은망덕한 자, 난폭한 자, 신의 없는 자, 오만한 자를 만나게 될 예정이다. 그들의 모든 결점은 선과 악을 알지 못하는 데서 비롯된다."[42] 풀어서 말하자면, "그들의 잘못은 결국 선과 악이 무엇인지 분별하지 못하는 무지에서 기인한다." 오늘날의 국가 원수와 정부 수반들 또한 경솔한 자, 신의 없는 자, 오만한 자, 배은망덕한 자를 매일같이 만난다고 해도 과언이 아니다. 마르쿠스 아우렐리우스가 이 글을 쓴 것은 스스로에게 다짐하기 위해서였다. "나는 이런 불쾌한 사람들을 만나러 간다. 말하자면 그들과 약속이라도 잡혀 있는 셈이다! 그러므로 나는 분개해서는 안 되며, 짜증을 극복하고 다음 사실을 기억해야 한다. 그들이 오만하고 기만적이라면, 선이 무엇인지 알지 못하고 철학자가 아니기 때문이다. 가능하다면 내가 그들의 공동체 정신을 일깨워야 한다."

마르쿠스
아우렐리우스

[42] 마르쿠스 아우렐리우스, 『명상록』, 박문재 옮김, 현대지성, 2018(그리스어 완역본); 인용은 파리 갈리마르 출판사에서 나온 책 1,146쪽 참조.

한 걸음 더 나아가기

그가 자신을 위해 남긴 짧은 기록들은 이론적인 주장이 아니라 자신의 정신을 단련하고 말과 감정을 다스리기 위한 영적 수련이었다. 다시 말해, 본래 우리를 위해 쓰인 것이 아니다. 그럼에도 불구하고 황제도, 스토아주의자도 아닌 우리에게도 깊은 울림을 준다. 오만한 사람이나 경솔한 사람을 만나게 된다면 마르쿠스 아우렐리우스를 떠올려 보자.

깊이

파고들기

마르쿠스 아우렐리우스, 『명상록』, 박문재 옮김, 현대지성, 2018(그리스어 완역본).

토마스 베나투이유, 「무소니우스, 에픽테토스, 마르쿠스 아우렐리우스Musonius, Epictète, Marc Aurèle」, 『스토아 철학자들Les Stoïciens』, 제3권, 파리, 레 벨 레트르(지식의 인물들Figures du savoir 총서), 2009.

피에르 아도, 「영적 수련으로서의 자연학, 혹은 마르쿠스 아우렐리우스의 비관주의와 낙관주의La physique comme exercice spirituel ou pessimisme et optimisme chez Marc Aurèle」, 『영적 수련과 고대철학Exercices spirituels et philosophie antique』, 파리, 알뱅 미셸, 2002.

마리 르 자르 드 구르네(1565~1645)

편집자이자 여성 운동가

"거침없는 언어를 통해 세상을
날카롭게 다듬고 정돈하다"

마리 르 자르 드 구르네는 몽테뉴가 '양녀'라고 부른 인물이자 오랜시간 『에세』의 만듦새를 고민하던 지치지 않는 편집자였다. 또한 신념을 가진 작가로서 특히 급진적인 페미니즘 글을 비롯한 여러 논설을 썼다.

마리 르 자르 드 구르네의 이름에는 늘 몽테뉴가 따라붙는다. 둘은 마치 부모와 자식 같은 관계였다. 그녀는 특히 『에세』를 아홉 차례 연속으로 교정하는 등 꾸준히 개정판 작업을 했고, 그중에서도 몽테뉴 죽음 이후 1595년의 중요한 유고판 편집을 담당했다.

그러나 마리 드 구르네를 유능한 편집자로만 단정하

긴 아쉽다. 그녀는 확고한 사상을 거침없는 문체로 풀어내는 철학자로 더 활발하게 활동했기 때문이다. 그녀가 남긴 여러 논설은 언어학, 도덕, 정치에 관한 문제를 다루며, 총 1,700쪽에 달하는 방대한 분량이다. 하지만 마리 드 구르네는 페미니즘 운동가로서는 거의 알려지지 않았거나 제대로 평가받지 못하고 있다. 그녀는 사회 문제를 해결하는 데 적극적인 참여와 실천을 중시한 철학자로, '남녀평등'을 주장한 가장 초창기의 논설 중 하나를 썼다.

마리 드 구르네는 18세에 몽테뉴의 『에세』를 접한다. 이 책을 읽고 깊이 감명받아 전과는 완전히 다른 삶을 살게 된다. 1588년에는 파리에서 몽테뉴를 직접 만나기도 했다. 이후 몽테뉴는 피카르디에 있는 구르네 성에 들러 몇 주 동안 머물렀다. 하지만 1592년 몽테뉴가 세상을 떠나면서 두 사람은 영영 다시 만나지 못했다. 몽테뉴의 아내는 남편이 생전에 신뢰하던 인물이었던 마리 드 구르네에게 그가 준비하던 『에세』의 증보판 편집을 맡겼다. 구르네는 1595년에 이 증보판을 출간하며, 앞부분에 매우 개인적인 서문을 덧붙였다. 그중에서 특히 강렬하고 인상적인 문장이 하나 있다. "다른 이들은 지혜를 가르치지만, 그, 몽테뉴

마리 르자르 드 구르네

43 미셸 드 몽테뉴, 『에세』, 제3권, 제10장, 오타케 게이 엮음, 김지낭 옮김, 삼호미디어, 2004; 인용은 2007년에 나온 파리 갈리마르 출판사, 장 발사모·미셸 마니앵·카트린 마니앵시모냉 편집, 19쪽 참조.

는 어리석음을 지우는 방법을 가르친다."[43] 이러한 능력은 아무나 가질 수 있는 게 아니다.

마리 드 구르네는 거의 80세가 될 때까지 몽테뉴의 문체와 사상을 변함없이 지지했다. 1639년, 말년에 안나 마리아 쉬르만에게 쓴 편지에서는 『에세』가 "프랑스어를 세계에서 필수적인 언어로 만들었다"[44]고 적었다. 즉 몽테뉴가 프랑스어를 라틴어와 비견할 만한 철학적 언어로 자리잡게 만들었다는 이야기를 하고 싶었던 것이다. 그녀에 따르면 몽테뉴는 그 누구보다도 프랑스어가 지닌 모든 문학적·지적 자원을 제대로 활용할 줄 아는 사람이었다.

마리 드 구르네는 언어의 품격에 각별히 신경을 썼다. 이러한 세심한 태도는 그녀의 작품에서도 고스란히 드러난다.

마리 드 구르네는 작가로서 거침없는 문체를 구사했다. 그녀는 특히 17세기 초반 프랑스어의 이른바 '정형화'에 대해 논쟁을 벌였다. 그녀는 은유를 자유롭게 사용할 권리를 옹호했으며 철학자로서 대단히 생동감 넘치고 때로는

---

[44] 마리 드 구르네가 안나 마리아 쉬르만에게 보낸 1639년 10월 20일자 편지, 「마리 드 구르네의 미발표 편지Une lettre inédite de Marie de Gournay」(1639), 『몽테뉴 연구 Montaigne Studies』, 제16권, 시카고, 2004, 151~155쪽 질 반드리에 재인용.

신랄하기까지 한 문체를 썼다. 오늘날 독자들에게는 그녀의 글이 쉽게 읽히지 않을 수도 있다.

1622년에 출간한 자신의 논설 제목처럼, 그녀는 줄곧 '남녀평등'을 위해 온 힘을 다해 싸워왔다. 그녀는 이 글에서 지금까지 억압받았던 여성이 남성보다 우위에 서야 한다는 주장을 펼치는 대신 철저한 평등을 외친다. 4년 후인 1626년에 발표한 논설 「여성들의 불만」에서 마리 드 구르네의 어조는 한층 더 날카로워진다. 이 글에서 여성은 "(중략) 사실상 세상의 대다수를 차지하는 우매한 자들과 미치광이들의 입맛에 맞춰 존재할 수밖에 없으며 또 그렇게 존재하도록 길들여진 노예"[45]로 묘사된다. 여기에서 언급된 우매한 자들과 미치광이들 중에서도 그녀가 문학과 학문의 세계에서 마주한 이들이 분명 가장 최악이었다. 명성과 지위가 높은데도 불구하고 자신이 여성이라는 이유만으로 멸시하니 더욱 더 참을 수 없게 느껴졌다. 그래서 마리 드 구르네 또한 자신의 작품을 통해 '어리석음을 지우려고' 노력했다. 하지만 여전히 세상의 대다수가 좋은 학생이 아니라는 사실은 부인할 수 없다.

마리 르 자르 드 구르네

[45] 마리 드 구르네,『여성들의 불만Grief des dames』,『몽테뉴의 양녀, 마리 드 구르네La fille d'alliance de Montaigne Marie de Gournay』수록, 파리, 오노레 샹피옹, 1910, 92쪽.

한 걸음 더 나아가기

편집자이자, 번역가, 비평가이면서 논객이었던 마리 드 구르네는 흔히 평가하듯 단순히 '여류 문인'이 아니었다. 여류 문인이라는 표현은 겉으로는 칭찬으로 보일지 몰라도 사실상 폄하의 의미를 지닌다. 때때로 비전문성과 가벼움을 암시할 수 있기 때문이다. 자신이 살던 시대 특유의 언어와 문체를 가진 작가이자 철학자로서 마리 드 구르네만의 사상과 분노는 여전히 우리 시대까지 이어지고 있다.

깊이

파고들기

마리 드 구르네, 『전집』 제1·2권, 파리, 클라시크 가르니에, 2002.

미레유 아베르, 「17세기 초 여성과 지식의 관계La relation au savoir d'une femme au début du 17s」, 폴 파스퇴르 외 엮음, 『젠더와 교육 Genre et éducation』, 몽생테냥, 루앙르아브르대학출판부, 2009.

다니엘 마르탱, 「권위를 추구하는 여성 담론Un discours féminin en quête d'autorité」, 필리프 쇼메티·실비 레크모라그로 엮음, 『가난뱅이, 반체제 인물, 자유사상가, 이상주의자Gueux, frondeurs, libertins, utopiens』, 엑상프로방스, 프로방스대학출판부, 2013.

마리프레데리크 펠그램, 「"악의 경계에 자리한 선": 마리 드 구르네의 도덕 철학"Le bien sur le bord du mal" : la philosophie morale de Marie de Gournay」, 더벌 콘로이 편집, 『근대 초기 프랑스의 여성 철학자들Women Philosophers in Early Modern France』, 『근대 초기 프랑스 연구Early Modern French Studies』, 제43권, 2021.

토머스 홉스 (1588~1679)

군주의 안내자

"여행에서 쌓은 지식들로
자신만의 철학 정체성을 구축하다"

토머스 홉스는 『리바이어던』을 집필한 저명한 저자로, 두 명의 데본셔 백작, 윌리엄 캐번디시 2세(1590-1628)와 그의 아들 윌리엄 캐번디시 3세(1617-1684)의 유럽 교육 여행인 그랑 투르Grand Tour에 여러 해 동안 동행했다.

잉글랜드 남서부에 위치한 말름즈버리에서 태어난 홉스는 신동이었다. 15살 때부터 이미 에우리피데스의 『메데이아』를 영어가 아닌 라틴어 운문으로 번역했다. 이후 캐번디시 가문과 인연을 맺게 되었고, 그들은 개인적인 수입이 없던 그에게 평생 경제적으로 도움을 줬다. 이렇게 해서 1610년대에 홉스는 훗날 데본셔 백작이자 국회의원이 되는 윌리엄 캐번디시 2세와 함께 몇 년 동안 프랑스, 이탈리아, 독일을 돌았다. 그로부터 20년 후, 1634년부터 1636년까지는 프랑스와 이탈리아를 여행하며 윌리엄이라는 같은 이름을 가진 그의 아들을 지도했다. 이와 같은 새로운 사회적 관습은 16세기에 처음 시작되어 18세기까지 발전했다. 가정교사가 젊은 귀족의 장기간 해외여행에 동행하는 것으로, 영국에서는 프랑스어로 '그랑 투르'라고 불렀다. 이 표현에서 오늘날 관광이라는 뜻의 프랑스어 단어 '투리즘Tourisme'이 유래했다. 젊은 귀족은 이론적 학습을 마친 후 여행을 통해 외국어, 다양한 관습과 생활양식을 익히고, 유익한 인맥을 쌓아야 했다.

그는 파리에서 학자이자 성직자인 마랭 메르센을 만났으며 메르센은 한 편지에서 홉스를 "군주의 안내자"라고 묘사했다. 이 '군주의 안내자'라는 표현은 영어의 '여행 동행 교사Trevelling Tutor'에 대한 적절한 번역일 수 있다. 여기에서 안내자란 교사이자 동시에 여행 동반자이기도 하다. 안내자는 모든 여행 준비를 담당해야 했으며, 젊은 귀족이 완벽한 교양을 갖출 수 있도록 지적·사교적 만남을 주선해야 했다.

토머스 홉스

고전주의 시대에는 영국뿐만 아니라 독일과 이탈리아에도 수많은 '군주의 안내자'들이 있었다. 홉스는 그중에서도 단연 가장 명망이 높은 인물이었으며, 유일한 철학자였다.

홉스는 오랜 기간 이 일에 종사했다. 그가 수행한 역할은 그 자체로 엄연한 직업이었다. 게다가 그는 운 좋게도 91세까지 살았다. 그 당시로서는 예외적인 일이었다. 바로 이 긴 인생의 2막에 들어서면서 그는 자신의 철학을 본격적으로 구체화했다. 1636년, 홉스가 두 번째 '그랑 투르'에서 돌아왔을 때 그는 이미 48세였다. 이후에는 파리에서 10년을 보내는데, 더 이상 '여행 동행 교사'가 아닌 자신의 이름으로 인생을 살았다. 그가 『시민론』과 『리바이어던』을 집필하고, 데카르트와 논쟁을 벌이며, 여러 학자들과 지적 교류를 나눴던 곳도 바로 파리였다.

두 차례의 '그랑 투르'가 홉스 철학의 자양분이 되었을까? 일부 학자들은 홉스가 첫 번째 여행을 떠난 시점이 1610년, 앙리 4세가 라바이약에 의해 암살된 직후였고, 따라서 이 시기에 반란은 위험하고 반드시 권력에 복종해야 한다는 신념을 굳혔다고 본다. 그럴 수도 있다. 어쨌든 홉스가 여행자이자 군주의 안내자로서 겪은 모든 경험에서 철학적 영감을 받았다는 점은 확실하다.

> ### 한 걸음 더 나아가기
>
> '여행 동행 교사'였던 홉스는 자신의 제자를 가르치는 동시에 그 스스로도 지혜와 가르침을 얻었다. 또한 이 과정에서 자신의 이름만으로는 실현 불가능했던 새로운 세계로의 진입 또한 두 명의 윌리엄 캐번디시와 그가 가진 추천서 덕분에 가능해졌다. 흔히 여행이 젊은이를 성장시킨다고들 한다. 여행 동행 교사는 이 격언을 그대로 구체화한 직업이다. 홉스도 여행 덕분에 노년에 활발한 작품 활동을 할 수 있었다.

깊이

파고들기

장 부티에, 「그랑 투르: 16~18세기 유럽 귀족의 교육 관행Le grand tour: une pratique d'éducation des noblesses européennes xvi-xviii siècles」, 『근대시대로의 여행Le voyage à l'époque moderne』, 파리, 파리소르본대학출판부, 27호, 2004, 7~21쪽(HAL에서 온라인 열람 가능).

장 부티에, 「국제적 역량, '직업'의 등장과 지식의 전파: 17세기 영국 귀족의 가정교사」, 『이동하는 지식Saperi in Moviment』, 마리아피아 파올리 편집, 피사, 노르말레 출판사, 2009, 149~177쪽(HAL에서 온라인 열람 가능).

카를 슈만, 『홉스 연대기: 그의 삶과 사상의 흐름Hobbes, une chronique: Cheminements de sa vie et de sa pensée』, 파리, 브랭, 1998.

클로드 아드리앵 엘베시우스 (1715~1771)

조세 청부업자

> "인간의 동기와 이해관계를 중심으로
> 세상의 작동 방식을 꿰뚫다"

클로드 아드리앵 엘베시우스는 프랑스 혁명의 사상적 토대를 마련했다고 평가받는 18세기 주요 유물론 철학자 중 한 명이다. 그러나 13년 동안 조세 청부업자, 즉 앙시앵 레짐에서 가장 미움받던 직책인 세금 징수원으로 일했다.

엘베시우스는 급진적인 유물론을 주장했으며, 1758년에 발표한 저서 『정신에 대하여 De l'Esprit』에서 자신의 철학을 논리적으로 펼쳐 보였다. 그러나 이 책은 엄청난 논란을 불러일으켜 결국 그는 공개적으로 자신의 주장을 철회해야 했다. 이후 「인간에 대하여」라는 논문을 집필했으나

클로드 아드리앵
엘베시우스

그의 사후에야 출판될 수 있었다. 그는 "모든 것은 감각으로 환원된다"고 썼다. '환원되다'라는 표현이 핵심적인데, 엘베시우스는 환원주의를 적극적으로 지지했다. 그의 급진적인 환원주의는 단순히 인식론적 차원에만 국한되지 않는다. 엘베시우스는 흑인 노예무역에 대해 언급하며 다음과 같은 입장을 밝혔다. "유럽에 도착하는 설탕통 중 인간의 피로 물들지 않은 것은 하나도 없다."[46] 이 끔찍한 문장은 디드로에게 깊은 충격을 줬다.

이처럼 파격적인 사상은 사회에서 소외된 개인의 생각이라고 여길 수도 있다. 하지만 실제로는 전혀 그렇지 않다. 엘베시우스의 아버지는 루이 14세에 이어 루이 15세의 왕비인 마리 레슈친스카의 주치의를 지냈다. 그의 가족은 매우 부유했으며, 아내인 안카트린 엘베시우스는 8세기 말까지 유명한 문학 살롱을 운영했다. 가문의 재산 덕분에 엘베시우스는 1738년에 조세 청부업자 직위를 매입할 수 있었다. 당시 그의 나이는 23세였다. 그는 1751년까지 13년 동안 이 일을 하며 큰 부를 쌓았다.

조세 청부제는 국왕이 개인에게 세금 징수 권한을 위임하는 제도였다. 조세 청부업자는 관할 지역에서 세금을

---

[46] 클로드 아드리앵 엘베시우스, 『정신에 대하여』, 제1권, 제3장, 제1논설, 조나스 스테펜 편집, 파리, 오노레 샹피옹, 2016, 67쪽; 해당 인용문은 엘베시우스가 남긴 주석에서 발췌.

걷어 국가에 납부하지만, 일부를 합법적으로 취할 수 있었다. 앙시앵 레짐에서 가장 원성을 샀던 권력의 대리인이었으며, 이들 중 다수가 프랑스 혁명 기간 동안 단두대에서 처형당했다. 저명한 화학자인 앙투안 라부아지에도 그중 한 명이었다. 엘베시우스는 1771년에 사망했기 때문에 숙청 대상이 되지는 않았다.

> 조세 청부업자라는 직업을 생각해 보면 엘베시우스의 유물론적 철학이 다소 모순적으로 보인다.

일부 역사학자들은 엘베시우스가 억압받는 이들에게 우호적인 인물이었다고 평가하며, 그 근거로 그가 와인 산업에 큰 부담을 주는 세금에 맞서 행동에 나서도록 보르도 시민들을 독려했던 일화를 제시한다. 하지만 다른 역사학자들은 반대로 그가 쾌락을 추구하는 가벼운 태도의 철학자이며, 맡은 바 책임을 성실하게 수행하지 않았다고 판단한다. 결국 두 경우 모두 엘베시우스를 조세 청부업자라는 그의 직업과 별개로 보려는 시도라고 할 수 있다.

그러나 약 60년 전에 발견되어 역사학자 롤랑 데네가 공개하고 연구한 핵심적인 문서에는 그에 대한 전혀 다른 사실이 명시되어 있다. 이 문서는 1738년 조세 청부업자였던 엘베시우스가 아르덴 지방을 순회하며 작성한 보고서였다. 아르덴 지역의 여러 도시와 마을의 상황이 매우 상세하게, 그리고 구체적으로 서술되어 있다. 이를 통해 훗날 철학자가 될 엘베시우스가 단순한 조세 청부업자가 아니라 왕실의 고위 관리로서 활동했다는 사실을 알 수 있다. 1744~1745년경 작성된 또 다른 문서에는 엘베시우스가 세금 징수 방식 개혁을 제안하고, 당시 조사 임무를 수행하고 있던 로렌 지역의 일부 통행세 폐지를 건의한 내용이 담겨 있다. 즉, 사익과 공익의 균형을 맞춰 조세 제도를 보다 합리적으로 개편하려는 시도였다. 그런데 바로 이 시기에 엘베시우스는 『정신에 대하여』를 집필하며 다음과 같은 내용을 넣었다. "(중략) 인간은 오직 자기 자신에 대해서만 민감하며, 타인에게는 무관심하다. 본래 선하지도 악하지도 않으며, 공동의 이해관계가 형성되느냐 깨지느냐에 따라 어느 쪽이든 될 수 있다."[47]

---

[47] 앞의 책, 제1권, 제24장, 제2논설, 200쪽.

> ### 한 걸음 더 나아가기
>
> 엘베시우스는 "사회적으로 칭송받는 미덕이라고 해서 반드시 절대적으로 옳은 것은 아니다"[48]라고 했다. 이러한 말에서 냉소적인 태도를 엿볼 수도 있겠지만 어디까지나 철저히 경험에 기반한 사실이다. 확실히 세금 징수원은 관찰자의 입장에서 인간 행동의 동기를 연구하기에 아마도 더없이 좋은 직업이다. 이러한 논의에서 결국, 인간이 오직 이해관계뿐만 아니라 다른 유형의 동기를 가질 수 있는지 알아내는 과제가 남는다.

클로드 아드리앵
엘베시우스

[48] 앞의 책, 제1권, 제16장, 제3논설, 287쪽.

깊이

파고들기

클로드 아드리앵 엘베시우스, 『정신에 대하여』, 조나스 스테펜 편집, 파리, 오노레 샹피옹, 2016.

롤랑 데네, 「조세 청부업자 엘베시우스의 1738년 아르덴 순회 La tournée du fermier général Helvétius dans les Ardennes 1738」, 『18세기Dix-huitième siècle』, 제3호, 1971, 3~40쪽.

제라르 가요, 「1738년 아르덴 지역의 조세 청부제: 엘베시우스의 증언La ferme générale dans les Ardennes en 1738」, 『18세기』, 제3호, 1971, 73~94쪽.

마리테레즈 앵그노, 「로렌 지역의 조세 청부업자 엘베시우스: 1744~1745년 개혁안Le fermier général Helvétius en Lorraine : un projet de réforme 1744-1745」, 『18세기』, 제18호, 1986, 201~213쪽.

마르쿠스 툴리우스 키케로(기원전 106~43년)

변호사

> "연설과 변론으로 사회에 필요한 목소리를 내고 변화를 모색하다"

변호사, 집정관, 철학자 그리고 '키케로주의'라는 표현까지 생기게 할 정도로 문학사에 문체로 큰 획을 그은 작가였던 마르쿠스 튤리우스 키케로는 여러 직업을 가졌다. 무엇보다도 변호사로서 두각을 드러내며 로마 공화정 말기 정치판에 자리를 잡았다. 그는 두 가지 방식으로 웅변을 펼쳤는데, 법정에서는 변호사, 원로원이나 포럼에서는 정치인으로서 연설했다.

지방 소도시인 아르피눔에서 태어난 키케로는 집안은 유복했지만, 정치적 기반은 없었다. 로마인들은 가문의 배경 없이 공직에 진출한 새로운 인물을 '호모 노부스homo novus'라고 불렀는데, 키케로가 바로 그 전형이었다. 처음에 그는 이름을 알리고 돈을 벌면서 궁극적으로 최고위직에 오르기 위해 변호사라는 직업을 선택했다. 변호사로서 그의 경력은 부당하게 존속 살해 혐의를 받은 남성을 성공적으로 변호해 무죄를 입증하면서 본격적으로 시작되었다. 키케로는 젊은 시절부터 철학을 공부했으며, 철학이 곧 웅변술과 양립하는 문제라고 생각했다. 스스로를 회의주의자로 자처했지만, 플라톤주의에도 공감하는 면이 있었다.

그의 주요 철학 저서인 『신들의 본성에 대하여』[49]와 『키케로의 최고선악론』[50]은 가상의 대화 형식으로 주요 철학 학파의 대표자들이 서로 대립된 의견을 바탕으로 논쟁을 펼치는 식이다. 키케로는 그리스의 핵심 개념을 라틴어로 번역한 이 책을 통해 로마인들에게 그리스 철학 학파를 소개했다. 그는 라틴어만큼이나 그리스어에도 능통했지만 그리스 철학이 반드시 그리스어에 한정될 필요는 없으며, 다른 언어로 옮겨도 의미가 변질되지 않고 전달될 수 있다고 여겼다. 이러한 시도는 철학적으로 매우 중요하다. 철학적 사유가 특정 언어에 얽매이지 않도록 해주기 때문이다.

---

49 편집자 주 - 마르쿠스 툴리우스 키케로, 『신들의 본성에 관하여』, 강대진 옮김, 그린비, 2019.

50 편집자 주 - 마르쿠스 툴리우스 키케로, 『키케로의 최고선악론』, 김창성 옮김, 서광사, 1999.

키케로의 철학 탐구와 변호사 및 웅변가로서의 활동 사이에는 복합적인 연속성이 존재한다.

웅변술의 목적은 세 가지다. 감동을 주고, 가르치며, 설득하는 것이다. 웅변은 청중 앞에서 즉각적으로 이루어지는 행위로, 키케로는 웅변에 있어 신체 언어, 얼굴 표정, 손짓의 역할을 강조했고 웅변가의 목소리 또한 중요한 요소로 여겼다. 그러나 이러한 요소들은 철학적 글에서는 사라진다. 앞서 언급한 저작들처럼 가상의 대화를 담고 있더라도 마찬가지다. 키케로는 『웅변론』에서 변호사가 느끼는 긴장감을 언급하여 이렇게 이야기했다. "뛰어난 웅변가일수록 더 큰 불안을 느낀다."[51] 실수라도 하면 상대는 물론 청중마저도 가차 없이 지적하고 그냥 넘어가지 않으리라는 사실을 알고 있기 때문이다. 여기에 덧붙여 설명하기를, "수많은 군중이 침묵을 지키며 귀를 기울이는 가운데 혼자 연설하는 것은 매우 부담스러운 일이다. 모두가 웅변가의 장점보다는 결점을 더 주의 깊게 살피기 때문에, 작은 실수만으로도 나머지 모든 노력이 물거품이 될 수 있다."[52] 키케로는 심지어 긴장을 전혀 느끼지 않는 웅변가는

마르쿠스 툴리우스 키케로

[51] 마르쿠스 툴리우스 키케로, 『웅변론』, 제1권, 120절, 파트리스 솔레르 편집 및 옮김, 『웅변가의 탄생: 키케로, 퀸틸리아누스, 성 아우구스티누스』, 파리, 갈리마르(텔 Tel 총서), 2021.

결코 훌륭한 웅변가가 될 수 없다[53]고까지 했다. 그러나 키케로의 책 속 철학적 대화에 참여하는 인물들은 결코 긴장하지 않는다. 그들의 말은 실제로 청중 앞에서 전달되는 게 아니라 아니라 글로 쓰였을 뿐이기 때문이다.

여기에서 한 가지 특이한 점을 짚고 넘어갈 필요가 있다. 키케로의 변론과 연설이 오늘날까지 기록으로 남아 있는 이유는 그가 직접 원고를 작성하고 널리 퍼뜨렸기 때문이다. 베레스를 겨냥한 일곱 편의 연설 중 실제로 낭독된 연설은 두 편뿐이며, 나머지 다섯 편은 글로만 작성되었다. 그래서 키케로가 변호사로서 활동할 때 효과적인 변론을 추구하기보다 문학적 요소를 우선시하지 않았나 하는 의문이 제기되었다. 그는 분명 두 가지는 결코 분리될 수 없다고 답했을 것이다.

| **52** 앞의 책, 제1권, 116절.
| **53** 앞의 책, 제1권, 119절.

> ### 한 걸음 더 나아가기
>
> 키케로의 철학적 저서는 대부분 가상의 대화 형식으로 구성되어 있는 반면 변호사로서의 변론은 실제 상황에서 발화된 연설이었다. 다만 그 연설이 겨냥했던 상대방의 발언은 오늘날 전해지지 않는다. 오히려 키케로의 진정한 철학적 목소리는 법정이라는 공간에서 이뤄지는 변론보다 결론의 다양한 여지가 열려 있는 가상의 대화에서 훨씬 더욱 분명하고 명료하게 들린다.

마르쿠스 툴리우스
키케로

깊이

파고들기

마르쿠스 툴리우스 키케로, 『두 번째 베레스 고발In Verrem』, 파리, 벨 레트르(뷔데Budé 총서), 1960.

마르쿠스 툴리우스 키케로, 『베레스 사건L'Affaire Verrès』, 파리, 벨 레트르(사상의 맛Le Goût des idées 총서), 2015.

마르쿠스 툴리우스 키케로, 「웅변론De Oratore」, 『웅변가의 탄생: 키케로, 퀸틸리아누스, 성 아우구스티누스』, 파트리스 솔레르 편집 및 옮김, 파리, 갈리마르(텔 총서), 2021.

카를로 레비, 『수사학에서 투스쿨룸 대화까지』: 변화하는 키케로의 대화 형식Le dialogue cicéronien en mutation: Des Partitions aux Tusculanes』, 로랑스 불레그·조르조 이에라노·알리스 보난디니 엮음, 『고대에서 인문주의 시대까지의 대화: 극적·철학적 장르의 변천Le Dialogue de l'Antiquité à l'âge humaniste: Péripéties d'un genre dramatique et philosophique』, 파리, 클라시크 가르니에, 2023.

클로드 니콜레, 『로마 공화정에서 시민의 직업Le Métier de citoyen dans la Rome républicaine』, 파리, 갈리마르, 1976.

바르바라 카생(1947년)

정신질환을 겪는 청소년을 위한 교육 전문가

> "언어의 가능성을 다방면으로 탐색하고 새로운 사유의 지평을 열다"

※

바르바라 카생은 정신질환을 겪는 청소년들을 대상으로 언어 연구를 시작했다. 그중에는 전혀 말을 하지 않는 상태의 청소년도 있었다. 언어는 그녀의 모든 연구와 저작을 관통하는 핵심 주제였다.

카생은 오늘날 아카데미 프랑세즈의 36번 의석을 차지하고 있는 철학자로, 개인적 경험과 학문적 과정이 모두 풍부하고 다채롭다. 1980년에 발표한 소프스트 사상을 다룬 박사 논문 「파르메니데스를 통한 가정 sous le titre Si Parménide」을 집필하는 동시에 1974년부터 1976년까지 파리 에티엔 마르셀 주간 병원에서 정신질환을 겪는 청소년들을 돌봤다. 그녀에게 이 일은 단순한 경험을 넘어서 삶의 결정적인 전환점이었다. 오늘날까지도 그녀는 이 경험을 자신의 경력에서 가장 중요한 경험 중 하나로 여긴다.

카생이 글에서 밝혔듯, "우연히, 사랑하는 사람 덕분에", 젊은 철학 연구자이자 대학원생이었던 그녀는 예상하지도 못했고 전공한 적도 없는 일을 선택하게 되었다. 교육 전문가로서 주로 애정을 담아 '미친 소년들'과 '미친 소녀들'[54]이라 불리던 청소년들에게 프랑스어를 가르쳤다. 아이들을 단 한 번도 '제자'라 부른 적 없지만, 함께 몰입해 고대 그리스어를 공부했고, 놀랍게도 한 걸음 더 나아가 플라톤의 철학적 언어까지 탐구했다. 프랑스어를 배우는 데 이보다 더 최선의 방법이 있을까? 그녀는 플라톤의 『크라틸로스』[55]를 활용해 학생들이 프랑스어와 닮은 점이 하나도 없는 생소한 알파벳을 경험하게 하고 자신들의 모국어보다 훨씬 더 낯선 언어가 존재한다는 사실을 깨닫게 했다.

이 청소년들은 힘든 삶을 살아왔다. 바르바라 카생이 자신의 철학 자서전 『행복, 죽음을 물어뜯는 그 부드러운 이빨Le Bonheur, sa dent douce à la mort』에서 들려주듯, 많은 아이들이 사

---

54 바르바라 카생, 「물고기의 익사Noyade d'un poisson」, 『가장 작고 눈에 띄지 않는 몸으로Avec le plus petit et le plus inapparent des corps』, 파리, 파이아르, 2007, 48쪽.

55 편집자 주 – 플라톤, 『크라틸로스』, 김인곤·이기백 옮김, 아카넷, 2021.

회복지 시설에서 자랐다. 그들이 자신의 언어, 즉 원래 알고 사용하던 언어에 다시 친숙해질 수 있도록 그녀는 다양한 언어와 단어를 제안하고 지도했다. 그러면서 입을 걸어 잠갔던 이 청소년들이 기발한 어원들을 만들어내도록 교육했다. 이 과정에서 그들은 놀이 삼아 직접 신문을 만들어 거리에서 팔았다. 첫 독자들은 대부분 여성으로 파리의 에티엔 마르셀 거리 아래쪽에서 일하던 매춘부들이었다.

    이때의 경험을 바탕으로 바르바라 카생은 예리하면서도 깊은 울림을 주는 「물고기의 익사」를 집필했으며, 이 단편 소설은 그녀의 저서 『가장 작고 눈에 띄지 않는 몸으로』에 수록됐다. 이 작품은 이후 카생의 또 다른 저서 『소피스트 자크: 라캉, 로고스 그리고 정신분석Jacques le sophiste: Lacan, logos et psychanalyse』의 후일담에 다시 실렸다. 『소피스트 자크: 라캉, 로고스 그리고 정신분석』에서 그녀는 1975년경 자크 라캉과의 만남을 회고하며 그가 자신에게 독소그래피doxographie[56]에 대해 가르쳐 달라고 요청했던 일을 이야기한다. 여기에서도 다시 한번, 말과 언어의 힘이 중요한 주제로 다뤄진다.

---

[56] 옮긴이 주 - 고대 철학자들의 견해 기록.

교육자로서의 경험, 정신분석학에 대한 예리한 통찰 그리고 문헌학자이자 철학자로서의 연구는 모두 언어를 다루고, 언어에서 출발한다는 점에서 공통점을 가진다.

카생은 인터뷰와 대담에서 항상 이렇게 말했다. "나는 언제나 말이 무엇을 할 수 있는지 관심을 가져왔다."

전통 철학에서 배제된 소피스트들을 재조명하든, 정신분석학에 관심을 기울이든, 흔히 '미치광이'나 '정신병자'라고 불리며 이성의 경계에 놓인 이들을 탐구하든, 바르바라 카생은 언제나 말과 언어가 지닌 힘과 다층적인 구조를 다시 온전히 드러내는 데 주력해 왔다.

인간에게 삶이란 일방적으로 말을 던지는 데서 그치지 않고, 서로 말을 주고받으며, 무엇보다도 타인의 말을 귀 기울여 듣고 해석하려는 노력의 과정이다. 한 언어를 다른 언어로 옮기는 작업은 완전히 매끄럽게 진행될 수가 없다. 각 언어는 그 언어만의 고유한 세계를 전달한다. 카생은 언어의 복합적인 성질을 『유럽 철학 어휘: 완벽하게 옮길 수 없는 단어들의 사전 Vocabulaire européen des philosophies: Dictionnaire des intraduisibles Dictionnaire des intraduisibles』에서 탐구한다.

한 걸음 더 나아가기

'언어의 다중성Plus d'une langue'은 바르바라 카생이 쓴 책의 제목이다. 또한 그녀가 아카데미 프랑세즈 회원이 되면서 받은 검에 새긴 신조이기도 하다. 주류에서 벗어난 철학자이자 비주류를 사유하는 철학자가 주류로 인정받다니, 기묘한 역설이 아닌가. 인쇄에서 여백이란 글자가 없는 빈 공간이자 침묵의 공간이다. 하지만 카생에게 이 공간은 오히려 담론과 사유가 풍요롭게 싹트는 장소가 된다. '언어의 다중성'은 곧 그 누구도 소외시키지 않기 위한 개념이다.

바르바라 카생

깊이
파고들기

바르바라 카생, 『파르메니데스를 통한 가정』, 릴대학출판부, 1980.

바르바라 카생 엮음, 『유럽 철학 어휘: 완벽하게 옮길 수 없는 단어들의 사전』, 파리, 쇠이유·르 로베르, 2004.

바르바라 카생, 『소피스트 자크: 라캉, 로고스 그리고 정신분석』, 파리, 에펠, 2012.

바르바라 카생, 『언어의 다중성』, 바이아르, 2012.

바르바라 카생, 『말이 곧 행위가 될 때』, 파리, 파이아르, 2018.

바르바라 카생, 『행복, 죽음을 물어뜯는 그 부드러운 이빨』, 파리, 파이아르, 2020.

바르바라 카생과의 대담, 클레망틴 팔리오타 기록, 안로렌·뷔종안 뒤쟁 채록, 「언어 속에서, 언어를 위해 Dans et pour la langue」, 《에스프리》, 2019년 12월호, 48~56쪽.

쇠렌 키르케고르 (1813~1855)

자산가

> "현실과 이상의 간극에 얽매이지 않고
> 독창적으로 살며 사유하다"

쇠렌 키르케고르는 방대한 저작을 남겨 20세기 철학에 큰 획을 그었다. 그중에서도 특히 실존주의 철학에 중요한 영향을 미쳤다. 경제적으로는 아버지에게서 물려받은 재산으로 생활했지만, 목사가 되기를 원했다고 전해진다.

키르케고르는 매우 독특한 인물이다. 자신의 독특함을 누구보다 잘 알고 있었으며 묘비명으로 '그는 독특한 존재였다'라고 새기기를 원할 정도였다. 스스로를 무엇보다 '종교적 저술가'로 여겼지만, 그를 진정한 철학자로 보는 시각 역시 타당하다. 그의 저작은 20세기 철학, 특히 '실존주의'

라 불리는 사조에 큰 영향을 미쳤으며, 독창적인 내용 또한 그가 영향력 있는 철학자로 평가받은 데 충분한 근거가 된다.

코펜하겐에서 부유한 아버지의 아들로 태어난 키르케고르는 신학과 철학을 공부했다. '소크라테스와 함께 끊임없이 언급되는 아이러니Om Begrebet Ironi med stadigt Hensyn til Socrates'를 주제로 철학 논문을 발표했으며 수많은 저서를 남겼다. 1838년 아버지가 세상을 떠나자, 어마어마한 재산을 상속받았다.

키르케고르는 단 한 번도 일을 한 적이 없으며, 일반적으로 인정받는 직업을 가진 적도 없다. 경제적으로 볼 때 재산으로만 충분히 생계를 유지할 수 있는 사람이었다. 사람들은 오랫동안 그가 돈에 무관심하고 재정 관리에도 신경 쓰지 않는다고 믿고 싶어 했다. 이러한 인식은 흔히 키르케고르를 이상화된 철학자로 보려는 시각과도 맞물려 있다. 그러나 사실이 아니다. 키르케고르는 자신의 일기에서 돈에 관한 문제를 적지 않게 언급했고, 여러 문서에서 확인됐듯이, 재산을 매우 신중하게 관리하고 수익성 좋은 투자처를 선택하며 적절한 시점에 보유한 증권을 매각했다. 그는 그런 부르주아의 삶에 아무런 문제의식을 느끼지 않았다. 별다른 생각이 없었다. 그에게 중요한 것은 오직 기독교의 진정한 기능과 회복을 위한 투쟁뿐이었다.

덧붙이자면 키르케고르가 남긴 많은 저서들 또한 그에게 수익을 가져다주었다. 그럼에도 불구하고 그는 그 많던 재산을 조금씩 갉아먹었고 결국 1855년 42세의 나이에 사실상 무일푼으로 생을 마감했다. 정황상 생전에 그가 가진 것보다 더 많이 지출했다고 짐작할 수 있다. 이런 맥락에서 보면 결국 재산 관리야말로 키르케고르의 '진짜' 직업 활동이 아니었을까 하는 의문이 들 수도 있다.

> 그렇다면 실제로는 키르케고르가 비밀리에, 말하자면 불법적이거나 은밀한 직업을 갖고 있지는 않았는지 의심해 볼 여지가 충분하다.

키르케고르는 루터교회의 목사가 되기를 원했다고 전해진다. 그러나 자신이 그런 직분을 맡기에 충분히 존경받을 만한 인물이 아니라고 생각해 이 길을 포기했다. 더욱이 그가 경멸했던 교회의 위계질서에 복종하는 일 또한 받아들일 수 없었다. '설교하고 싶지만, 목사가 되지 못한' 그의 상황은 마치 '오른손 사용을 강요받은 왼손잡이'와 같았다. 그는 설교문을 쓰지만 목사가 아니기에 자신이 쓴 글을 '설교문'이라 부를 수도, 직접 설교할 수도 없었다. 그는 자신이 작성한 설교문을 '교훈적인 담론'이라 불렀다. 이 종교적 담론 가운데 일부는 매우 아름다운 내용을 담고 있으며 이는 그의 『전집』 20권의 상당 부분을 차지한다.

여기에서 한 가지 눈여겨볼 점이 있다. 이 종교적 담론들은 실제로 거의 읽히지 않지만 '키르케고르'라는 이름으로 발표된 반면에 널리 알려진 『반복/현대의 비판』[57], 『이것이냐, 저것이냐』[58], 『철학 단편 모음집 Philosophiske Smuler eller En Smule Philosophi』과 같은 키르케고르의 철학 저서들은 다양한 가명으로 출판되었다. 키르케고르는 왼손으로는 철학 저서를 집필하고, 오른손으로는 종교적 글을 쓴다고 말하기도 했다. 즉, 키르케고르는 철학과 종교를 넘나든 양손잡이 작가였다.

---

[57] 편집자 주 - 쇠렌 키르케고르, 『반복/현대의 비판』, 임춘갑 옮김, 도서출판 차우, 2011.

[58] 편집자 주 - 쇠렌 키르케고르, 『이것이냐 저것이냐』, 제1·2권, 임춘갑 옮김, 도서출판 차우, 2012.

한 걸음 더 나아가기

키르케고르는 『두려움과 떨림』[59]에서 진정한 '신앙의 기사', 다시 말해 참된 그리스도인은 거리에서 특별히 눈에 띄지 않으며, 겉보기에는 마치 코펜하겐의 평범한 시민과 다를 바 없어 보인다고 썼다. 마찬가지로 키르케고르의 '진짜' 직업도 겉으로 드러나지 않았다. 겉보기에는 제대로 된 직업이 없었지만, 사실은 보이지 않는 곳에서 일평생 철학과 신학에 몰두하며 살았기 때문이다. 그리고 이 작가의 천재적인 면모는 가명으로 출판한 여러 철학 저서들로 대중의 관심을 끌면서도, 본명으로 발표한 설교문, 즉 그의 신앙적 사유의 연장선이자 산물이었던 글은 오히려 사람들의 주목을 받지 못했다는 데 있다.

---

[59] 편집자 주 – 쇠렌 키르케고르, 『두려움과 떨림』, 이창우 옮김, 카리스아카데미, 2025.

깊이 파고들기

뱅상 들르크루아, 『독창적인 철학: 키르케고르 평론Singulière philosophie: Essai sur Kierkegaard』, 파리, 펠랭 출판사, 2006.

요하네스 호렌베르그, 「재정적 공백기Intermède financier」, 『쇠렌 키르케고르Søren Kierkegaard』, 제7장, 파리, 알뱅 미셸, 1956.

쇠렌 키르케고르, 『전집』, 전 20권(이 중 「교훈적 담론discours édifiants」이 5권 이상 분량 차지), 파리, 로랑트 출판사, 1966년 및 이후 출간.

쇠렌 키르케고르, 『서간집Correspondance』, 파리, 시르트 출판사, 2003.

베르나르 스티글레르(1952~2020)

은행 강도

"발 딛고 있는 곳의 현실을 명확히
인지함으로써 앞으로 나아가다"

감옥을 경험한 철학자가 베르나르 스티글레르 한 사람만은 아니다. 소크라테스와 보에티우스는 감옥에서 생을 마쳤고, 안토니오 그람시는 오랜 세월을 복역했으며, 디드로는 몇 달 동안 수감되었다. 그러나 스티글레르는 감옥에서 철학을 만났을 뿐만 아니라, 감옥을 통해 철학을 시작하게 된 유일한 철학자다.

젊은 시절, 스티글레르는 철학과는 거리가 먼 삶을 살았다. 그는 학창 시절을 비교적 짧게 보낸 뒤, 웨이터, 사무직 직원, 농장 노동자, 염소 사육업자 그리고 생계를 유지하기 힘들었던 술집 운영자 등 여러 직업을 전전했다. 결국 운영하던 술집의 구멍 난 재정을 메우기 위해 무장한 채 은행을 털었다. 다행히 유혈 사태는 일어나지 않았지만 이후 체포되어 유죄 판결을 받았고, 1978년부터 1983년까지 툴루즈의 생미셸 구치소와 뮈레 교도소에서 5년을 꽉 채워 복역했다. 감옥에 갇혀 고독과 침묵 속에 보낸 시간이자 치열하게 독서에 몰두한 시간이기도 했다. 이 과정에서 그는 단순한 인간적 경험을 넘어 진정한 '철학적' 경험을 했다. 출소 후 스티글레르는 인간과 기술의 본질적 관계에 대해 연구한 논문을 발표했으며 이후 저명한 음악 및 기술 연구소 이르캄(IRCAM)의 소장으로 임명되었다. 바로 이 시기에 감옥에서 보낸 시간을 감동적이고 밀도 있게 풀어낸 저서 『행동에 나서다Passer à l'acte』를 공개했다. 그다음으로는 퐁피두 센터에서 문화 연구 및 혁신 책임자 자리를 맡게 된다. 당시 그는 단독 혹은 공동 저자로 약 50권의 책을 출간했다.

스티글레르의 복합적인 사상을 단 몇 마디로 요약하기란 불가능하다. 그러나 이와 관련된 몇 가지 주요 흐름은 추려볼 수 있다. 그는 우리의 주의력과 정신력을 빼앗는 마케팅과 사회관계망 서비스의 반사회적 기능과 폐해를 이야기하며 이에 맞서 싸웠다. 그가 말하는 위험은, 인

간이 더 이상 스스로 사고하지 않고 "지적 활동을 자동 시스템에 넘겨 버리는 데서 비롯된다."⁶⁰

> 소크라테스부터 시작해 다른 철학자들도 감옥에 수감된 적이 있다. 그러나 베르나르 스티글레르의 경험은 독특하다.

스티글레르와 디드로 또는 소크라테스의 수감 생활 사이에는 두 가지 차이점이 존재한다. 디드로와 소크라테스는 사상 때문에 감옥에 갇혔지만 스티글레르는 은행 강도죄로 수감되었다. 또한 소크라테스와 디드로의 철학은 그들이 감옥에 가기 이전에 이미 확립되었으며, 오히려 수감의 이유였던 반면 스티글레르의 철학은 그가 출소한 이후에 형성되었다. 스티글레르는 후설이 말한 '현상학적 에포케', 즉 외부 세계의 존재와 영향력을 당연하게 받아들이는 태도를 견제하고, 의식적으로 '괄호' 안에 넣고 멈추는 철학적 자세를 바로 감옥 안에서 몸소 경험하게 된다. 현상학자는 먼저 외부 세계가 없다고 '가정'하며 사고해야 한다. 그러나 감옥에 갇힌 스테글레르에게 외부 세계의 부재는 '가정'이 아니라 현실, 바로 그가 실제로 겪는 현실이었

---

60 베르나르 스티글레르, 『기술과 시간 1La Technique et le Temps 1: 에피메테우스의 과오La faute d'Épiméthée』, 파리, 갈릴레, 1994, 96쪽.

다. 이러한 지점에서 베르나르 스티글레르는 감옥에서 철학을 만났을 뿐 아니라 감옥을 통해 철학을 본격적으로 탐구하기 시작했다. 그가 걸어온 길은 철학사에서 찾아보기 힘든 독특한 경험이긴 하다.

> **한 걸음 더 나아가기**
>
> 스티글레르는 소크라테스가 복역 당시에 감옥에서 보인 태도를 분석하며 그처럼 국법을 존중하고 따랐다. 그러면서도 사회의 작동 방식과 그로부터 파생된 디지털화의 문제점을 가차 없이 비판했다. 2017년 《에스프리Esprit》와의 인터뷰에서 그는 다음과 같이 이야기했다. "1978년부터 1983년까지 저는 함께 수감된 이들에게 이렇게 말했습니다. 도망칠 궁리를 할 게 아니라 감옥에서의 경험을 변화시켜야 한다고요. 이 경험을 의미 있는 것으로 바꾸는 방법을 배우고, 한 단계 더 발전시켜야 한다고 했죠."[61] 베르나르 스티글레르의 마지막 가르침에 따르면, 우리는 모두 심각한 위기에 처한 자연과 세계 안에서 함께 갇혀 있다. 이런 상황에서 벗어날 수 없지만, 반드시 그리고 충분히 우리의 현실을 '의미 있는 것'으로 바꿀 수는 있다. 스티글레르는 이러한 시도를 '방향 전환tournant technologique'이라고도 불렀다.

---

[61] 베르나르 스티글레르, 「불순한 이성 비판: 베르나르 스티글레르와의 인터뷰Critique de la raison impure: Entretien avec Bernard Stiegler」, 《에스프리》, 2017년 3~4월호.

깊이

파고들기

프랑크 코르므레, 「베르나르 스티글레르: 『기술과 시간』에서 긍정적 파르마콘 이론까지Bernard Stiegler: De La Technique et le temps à la pharmacologie positive」, 『에르메스』, 제88호, 2021년 2호, 340~348쪽(온라인 자료).

베르나르 스티글레르, 『행동에 나서다』, 파리, 갈릴레, 2003.

베르나르 스티글레르 엮음, 『소셜 네트워크, 정치 문화와 소셜 네트워크 공학Réseaux sociaux, culture politique et ingénierie des réseaux sociaux』, 리모주, FYP 출판사, 2012.

「불순한 이성 비판: 베르나르 스티글레르와의 인터뷰」, 《에스프리》, 2017년 3~4월호.

베르나르 스티글레르 엮음, 『방향 전환: 다른 대안은 없다 Bifurquer: il n'y a pas d'alternative』, 파리, 레 리앙 키 리베르, 2021.

에픽테토스 (기원후 50~125)

노예

"속박된 신분으로 누구보다
자유의 의미와 본질을 깊이 통찰하다"

에픽테토스는 유일하게 속량되기 전 오랫동안 노예 신분이었던 위대한 철학자다(플라톤도 잠시 노예였던 적은 있다). 노예는 분명 직업이 아니지만 에픽테토스의 사상에 깊은 영향을 준 삶의 조건이었다.

에픽테토스의 생애에 대해서는 알려진 바가 많지 않지만, 그가 노예였다는 사실은 역사적으로 잘 알려져 있다. 그의 주인이었던 에파프로디토스 역시 과거에는 노예였다. 즉, 당시에는 시대적으로 과거 노예 경험이 있던 사람일지라도 일단 이러한 신분에서 해방되고 나면 아무런 거리낌 없이 자신의 노예들을 사들이곤 했다.

로마 제국 시대에 노예의 처지는 매우 다양했고, 그들은 굉장히 다양한 일에 배정될 수 있었다. 가장 낮은 지위의 노예들은 광산이나 농장에서 일했고, 중간 지위의 노예들은 가정에서 일했으며, 가장 높은 지위의 노예들은 의사나 교사로 일했다. 에픽테토스는 높은 지위에 속한 노예였을 가능성이 높다. 심지어 젊은 시절 스토아 철학 강의를 들을 수 있도록 허가까지 받았다. 그럼에도 그는 여전히 노예였으며 그의 주인은 매우 지독한 인물이었다.

에픽테토스는 아마 비교적 젊은 나이에 속량되지 않았을까 짐작되지만, 노예였던 경험은 그의 삶에 깊은 흔적을 남겼고, 그의 말이라고 전해지는 여러 기록에서 수차례 언급될 정도였다. 소크라테스처럼 에픽테토스도 아무런 글을 남기지 않았지만, 우리가 『담화록Diatribai』과 『편람Encheiridion』이라 불리는 책들을 읽을 수 있는 것은 그의 제자인 아리안 덕분이다. 이 두 책은 고대부터 철학 분야를 대표하는 진정한 베스트셀러였다.

에픽테토스는 삶에서 '좌우되는 것'과 '좌우되지 않는 것'을 구분해야 한다고 강조했다. 우리에게 좌우되는 것 안에는 인간 행동과 자유의 본질이 들어 있다. 욕망과 생각을 다스리는 일은 우리에게 달려 있지만, 외부에서 벌어지는 일들, 즉 그에 따르면 좌우되지 않는 것은 그렇지 않다. 그러므로 고통과 죽음 그리고 노예 신분까지 포함해 자신의 통제에서 벗어난 일들은 있는 그대로 받아들여야 한다는 게 그의 주장이다.

노예였던 에픽테토스는 노예제도를 비난하지 않았다.

고대 사회에서 노예제도는 당연하게 여겨졌고 자연스러운 제도였다. 이러한 이유로 에픽테토스는 노예제도를 비난하지 않았다. 물론 노예들의 반란도 있었다. 그중 가장 유명한 것은 에픽테토스가 태어나기 100여 년 전에 일어난 스파르타쿠스의 반란이다. 그러나 고대 그리스와 로마 사회에서 스토아 철학자들도 기독교 신학자들도 그 누구도 노예제도를 문제 삼지 않았다. 그들은 단지 주인들에게 노예를 잘 다루고 육체적 처벌은 최소한으로 줄여야 한다고 요구할 뿐이었다.

그러나 에픽테토스는 특정한 형태의 노예 상태는 비판했다. 곧, 욕망과 열정에 사로잡혀 꼭두각시가 되고, 물질적 재화나 사회적 지위에 굴복한 상태를 가리킨다. 에픽테토스가 말하길, 노예가 자유를 원하는 이유는 자유로워지면 삶이 더 나아질 것이라고 믿기 때문이다. 하지만 틀렸다. 자신의 욕망을 다스리지 못한다면 노예 상태에서 해방됐을지라도 결국 다시 다른 사람에게 예속되고 만다. 에픽테토스는 다음과 같이 설명했다. "정상에 올라 원로가 되었더라도, 원로원에 들어서는 순간 또다시 새로운 형태의 노예가 되어버린다. 가장 그럴듯해 보이지만 가장 벗어나기 힘든 예속 상태다."[62] 사랑이든, 여론이든, 사회적 성공이든 타인에게 얽매인 삶은 결국 변화 가능성이 없는 노예 상태로 사는 것이다. 아첨하는 자나 출세를 좇는 자는 자유롭지 않다. 에픽테토스는 가난하게 살았고 훔쳐 갈 만한 물건이 아무것도 없었기 때문에 집 문도 열어두고 지냈다.

[62] 에픽테토스, 『담화록』, 제4권, 제1장 「자유에 대하여」, 조제프 수이에·아르망 자귀 편집, 조제프 수이에 옮김, 파리, 벨 레트르, 1991.

한 걸음 더 나아가기

에픽테토스의 말에 따르면, 노예는 자기 자신을 돌아보기보다 주인의 욕망에 주의를 기울이는 데 시간을 보낸다. 진정한 자유란 우리가 좌우할 수 있는 것만을 원할 때, 즉 자신의 영혼을 승화시키고 의지를 바르게 사용할 때 얻을 수 있다. 오늘날 대부분의 사회는 노예제도와 그에 따른 폭력을 철폐했다. 그러나 이와 별개로 에픽테토스가 규탄한 자발적인 노예 상태는 겉보기에는 폭력적이지 않지만, 더 교묘하게 여전히 인간이 진정한 자유를 누리지 못하게 방해하며 여전히 비일비재하다.

깊이

파고들기

마르크 블로크, 「고대 노예제는 어떻게, 왜 끝났는가Comment et pourquoi finit l'esclavage antique」, 『연보: 경제·사회·문명사Annales: Économie, Sociétés, Civilisations』, 제1부, 제1호(1947년 1~3월)·제2부, 제2호(1947년 4~6월), 온라인 자료.

장크리스티앙 뒤몽, 『세르부스(노예): 공화정 시대 로마와 노예제도Servus: Rome et l'esclavage sous la République』, 로마, 프랑스로마학교출판부, 1987.

에픽테토스, 『담화록』(니코메디아의 아리안 정리) 및 『편람』, 막심 슐 엮음, 『스토아 철학자들Les Stoïciens』, 에밀 브레이에르 옮김, 파리, 갈리마르(플레이아드Pléiade 총서), 1962.

클로드 레비스트로스(1908~2009)와
디나 드레퓌스(1911~1999)

인류학자

"타인의 삶을 통해
인류와 그 모순적 운명을 탐구하다"

클로드 레비스트로스는 당시 아내였던 디나 드레퓌스와 함께 두 차례에 걸쳐 브라질에서 민족지 조사를 수행했다. 그는 이때의 경험을 계기로 본격적으로 인류학의 길로 들어서게 된다. 1939년, 두 사람의 결별 이후 클로드는 인류학 연구를 이어나간 반면 드레퓌스는 철학으로 되돌아갔다.

레비스트로스의 삶, 아니 두 번째 삶은 그가 1935년 프랑스에서 브라질로 떠나면서 시작된다. 삶이란 대개 그렇듯, 우연처럼 찾아온 평범한 순간이 갑작스럽게 인생의 흐름을 영영 바꿔놓기도 한다. 레비스트로스에게 그 계기는

1934년 10월 어느 일요일 아침 9시에 걸려 온 한 통의 전화였다. 전화를 건 사람은 당시 레비스트로스가 젊은 철학 교사로서 일했던 파리 고등사범학교의 교장 셀레스탱 부글레였다. 부글레는 그에게 상파울루 대학의 사회학 교수 자리에 지원해 보라고 제안했고, 그렇게 레비스트로스는 교직을 떠나 새로운 길로 들어서게 된다. 물론 레비스트로스가 민족지학에 발을 들인 것은 이와 같은 어떤 부름이 결정적인 이유는 아니었지만 그래도 하나의 '부름'이 그 계기가 된 셈이다. 이 임무는 그에게 단순한 기회 그 이상이었다. '자신을 구해준 구명판'과도 같았다. 당시에 레비스트로스는 자신이 철학을 가르치는 자리에 적합하지 않다고 느꼈다. 그러면서 철학을 "지성을 단련하는 훈련이지만 동시에 정신을 메마르게 만드는 과정"[63]이라며 다소 냉소적인 시선으로 바라봤다.

하지만 또 그렇다고 해서, 철학적 경험보다도 원주민 사회에 들어가 함께 살아본 경험이 그가 인류학과 처음 만난 계기였던 것은 아니다. 그 만남은 오히려 철학자였던 시절 독서를 통해 경험한 것에서 비롯되었다. 말하자면 그는 프랑스에서 오스트리아 인류학자 로버트 해리 로위의 저서 『원시 사회Primitive society』를 읽으며 자신의 첫 인류학

[63] 클로드 레비스트로스, 제2부 「여행 일지」, 6장 「민족지학자가 되는 법」, 『슬픈 열대』, 한길사, 1998; 인용은 파리 플롱 출판사에서 나온 책 55쪽 참조.

여행을 떠나게 된다. 그리고 말 그대로의 진정한 여행은 1935년 2월 어느 날 아침, 레비스트로스가 마르세유 항구에서 상파울루주의 산토스 항구를 향하는 배에 올라타면서 시작됐다. 이때 레비스트로스는 아내인 디나 드레퓌스와 동행했다. 그녀는 그와 마찬가지로 철학자였고, 이 사실은 중요하게 짚고 넘어갈 만하다.

> 정확히 말하자면, 디나 드레퓌스가 클로드 레비스트로스를 따라나선 것이 아니라, 두 사람은 대등한 동반자 관계였다.

실제로 드레퓌스 또한 레비스트로와 마찬가지로 브라질과 프랑스 당국에 의해 공식적으로 파견되어 자신만의 민족지학 조사를 수행했다. 다만 이 탐사 기록을 담은 수첩들이 분실되어 당시 체류에 대한 자료는 거의 남아 있지 않다.

두 인류학자는 그 외에도 브라질 내륙 탐사의 전초 단계로서 한 고고학 유적지를 조사하는 임무를 맡았고, 이 과정에서 테레나족 원주민들을 만나게 된다. 일반적으로 이 탐사는 클로드 레비스트로스만의 단독 업적으로 알려져 있지만 사실상 디나 드레퓌스의 작업과 떼어놓고 볼 수 없다. 마르셀 모스가 1936년 2월 20일 클로드 레비스트로스에게 보낸 편지에서도 그 점을 확인할 수 있다. "물론, 이 내용은 당신의 아내에게도 함께 전하는 것입니다. 저는 심지어 마음속으로는 두 분을 하나로 생각합니다." 하지만 이와 같이 둘을 하나로 보는 태도는 참으로 모호하다. 디나 드레퓌스의 작업에 대한 인정인 동시에 그 작업을 지워버리는 결과를 낳기 때문이다.

    탐사 후반부에 들어서면서 클로드 레비스트로스와 디나 드레퓌스는 두 아메리카 원주민 집단인 카두베오족과 보로로족을 만났다. 레비스트로스는 『슬픈 열대』에서 이 두 집단의 생활 방식, 복식, 소비 방식 그리고 마테차를 마시는 방법 등을 묘사했다. 특히 그는 카두베오족 사회에 대해 "낙태와 영아 살해가 거의 아무렇지 않게 행해지며", 아이들은 14세가 될 때까지 가족의 테두리 바깥에서 자란다고 서술한다. 두 원주민 집단과의 만남은 그들에게 보다 깊이 있는 인류학 연구 경험이 되었다.

클로드 레비스트로스와
디나 드레퓌스

한 걸음 더 나아가기

『슬픈 열대』에서 클로드 레비스트로스는 '모순'이라는 단어를 사용해 인류학자가 처한 입장을 설명한다. 그에 따르면 인류학자는 자신이 연구하는 사회의 관행을 판단하지 않으려는 중립의 방법론적 태도와 영아 살해처럼 자신이 속한 사회에서는 비난받아 마땅한 행위를 외면하지 말아야 한다는 윤리적 책임 사이에서 갈등할 수밖에 없다. 아마도 우리는 이런 종류의 모순을 결코 온전히 해결하지 못한 채 감당하며 살아가야만 하는 운명일지도 모른다. 하지만 레비스트로스가 철학적으로 사유한 끝에 남긴 말처럼, "모든 것을 이해하려 하면, 결국 모든 변화를 포기하게 된다."[64]

---

[64] 앞의 책, 제9부 「귀환Le Regard éloigné」, 제38장 「럼주 한 잔Un verre de rhum」, 446쪽.

깊이

파고들기

프레데릭 켁, 『클로드 레비스트로스: 입문Claude Lévi-Strauss: une introduction』, 파리, 포케, 2005.

클로드 레비스트로스, 『슬픈 열대』, 파리, 플롱, 1955.

클로드 레비스트로스, 『구조인류학Anthropologie structurale』, 제1권(1958)·제2권(1973), 파리, 플롱.

로버트 해리 로위, 『원시 사회』, 정동호·김은아·강승묵 옮김, 세창출판사, 2008.

에마뉘엘 루아예, 『레비스트로스Lévi-Strauss』, 파리, 플라마리옹, 2015.

엘리자베트 폰 데어 팔츠 (1618~1680)

수도원장

> "주고받는 편지 속 질문과 답을 통해
> 한 인간의 존재감을 명확히 드러내다"

보헤미아 공주였던 엘리자베트는 무엇보다도 데카르트와 오랫동안 서신을 주고받은 인물로 잘 알려져 있다. 하지만 최근 연구에서는 그녀를 단순히 '위대한 철학자'의 서신 상대가 아닌 훨씬 더 중요한 인물로 바라본다.

엘리자베트의 생애는 특별했고, 어쩌면 소설처럼 극적이기까지 했다. 그녀가 태어나고 2년 후, 1620년에 보헤미아의 왕이 된 엘리자베트의 아버지는 1621년에 폐위되었다. 그때 엘리자베트의 나이는 세 살이었고 이후 그녀는 평생을 망명하는 공주로 살았다.

엘리자베트는 철학과 과학에 깊은 관심을 가졌고, 그러던 가운데 네덜란드에 머물던 데카르트를 만나게 된다. 데카르트는 그녀의 탁월한 지성과 민첩하게 반응하는 사고력에 감탄했다. 그가 1644년 자신의 저서인 『철학의 원리』[65]를 헌정한 주인공도 바로 그녀다. 이 이례적인 행위가 어떤 파장을 지니는지 가늠해 볼 필요가 있다. 보통 당시에는 작가들이 자신의 책을 헌정한다면 유명 인사나 잠재적 후원자를 택하는 게 일반적이었다. 그런데 데카르트는 『철학의 원리』를 고작 스물여섯 살의, 별다른 힘도 없는 젊은 공주에게 헌정한 것이다! 이러한 행위는 데카르트가 그녀의 지성을 얼마나 높이 평가했는지 보여주는 강력한 표현이다.

데카르트와 엘리자베트는 1643년부터 1649년까지 수많은 편지를 주고받으며 정신과 육체의 결합, 의학, 윤리 그리고 정치에 대해 논의했다. 엘리자베트는 자기주장이 분명한 여성이었다. 강경한 칼뱅주의자였던 그녀는 가톨릭 왕자와의 결혼을 거부했다. 또한, 칼뱅주의자였음에도 불구하고, 1667년에는 베스트팔렌 지역 헤르포르트에 있는 루터교 수도원의 수도원장이 됐다. 그리고 1680년 그곳에서 숨을 거뒀다.

엘리자베트
폰 데어 팔츠

[65] 르네 데카르트, 『철학의 원리』, 원석영 옮김, 아카넷, 2012.

엘리자베트는 오랫동안 데카르트의 시선을 통해서만 조명됐고, 그저 데카르트라는 철학자에게 훌륭한 질문을 던진 인물로만 평가받아 왔다. 하지만 이 과정에서 그녀가 던진 것은 단순한 질문이 아니라 반론이었다.

엘리자베트는 데카르트에게 그가 자신의 "형이상학을 설명하는 과정에서 제시한 것보다 더 구체적인 영혼의 정의"[66]를 요구했다. 그의 이론이 하나의 신체, 하나의 영혼, 또는 더 단순하게 말하면 한 명의 구체적인 인간이라는 존재가 지닌 고유한 개별성에 잘 들어맞지 않는다고 반박한 것이다. 데카르트는 이 반박을 받아들이고, 그의 저서 『정념론』에 엘리자베트와 나눈 논의에서 비롯된 사유를 상당 부분 담았다. 그들의 교류는 그 무엇과도 비교할 수 없이 각별했다. 추상적인 담론이 아니라 두 명의 구체적인 인간 사이에서 오간 진정한 대화였다. 장마리 베이사드의 말처럼, "편지를 교환하며 진정한 대화를 나눴다면, 교류가 끝난 후에도 상대방의 존재감이 사라지지 않는 법이다."[67] 데카르트에게 있어 엘리자베트가 바로 그런 사람이었다. 그녀는 스스로를 '무지하고, 호락호락하지 않다'고 표현했지

---

[66] 르네 데카르트, 「엘리자베트가 데카르트에게 보낸 편지(1643년 5월 16일자)」, 『엘리자베트와의 서신 및 기타 편지들 Correspondance avec Élisabeth et autres lettres』(프랑스어 번역본, 원문은 라틴어와 네덜란드어로 쓰임), 장마리 베이사드·미셸 베이사드 편집, 파리, 플라마리옹, 1989, 65쪽.

[67] 앞의 책, 19쪽.

만, 무지하다는 건 사실이 아니고, 호락호락하지 않다는 건 사실이었다. 그녀의 반항적 기질은 서신 교류에 활기를 불어넣었고, 이 교환은 데카르트가 세상을 떠날 때까지 이어졌다.

> 엘리자베트는 그 무엇도 출간하지 않았지만, 수많은 글을 남겼다.

그녀의 글은 대부분 매우 방대한 서신들로 이루어져 있으며, 한때 그녀를 그저 데카르트를 돋보이게 만드는 조연 정도로만 보던 시선이 거두어지면서, 그 가치가 점차 재조명되고 있다. 그녀는 자신의 편지가 사람들 사이에 퍼지는 것을 원치 않았고, 하물며 출판은 더더욱 바라지 않았다.

하지만 역설적이게도 엘리자베트의 철학이 어떤 성격을 지니는지는 그녀가 헤르포르트 수도원의 수도원장으로서 보여준 활동을 통해 더욱 분명히 드러난다. 엘리자베트는 당시에 별난 지식인들이나 이단으로 간주되었던 개신교도들을 자신의 수도원에 받아들였다. 그 가운데 윌리엄 펜은 훗날 미국 펜실베이니아주의 설립자가 되는 인물로, 1677년 헤르포르트를 방문해 그녀와 교류했다. 엘리자베트는 또한 라이프니츠와도 서신을 주고받았으며, 그는 1678년 직접 그녀를 찾아와 만나기도 했다. 뿐만 아니라 말브랑슈, 몽테뉴가 '양녀'처럼 여겼던 마리 드 구르네 그리고 그 밖의 수많은 인물들과도 지적 교류를 이어갔다. 엘리자베트는 유럽 전역에 걸쳐 살아 있는 철학을 추구하며 진정한 지적 교류의 장을 형성했다.

한 걸음 더 나아가기

대담하고 여러 언어에 능통한(여섯 가지 언어를 구사) 보헤미아의 엘리자베트, 왕국 없는 공주, 책도 글도 남기지 않은 이 철학자는 수도원과 수많은 서신 속에서 '호락호락하지 않지만' 자유로운 토론의 장을 형성하며 독보적인 업적을 쌓았다.

깊이

파고들기

르네 데카르트, 헌정문 '엘리자베트 공주 전하께', 『철학의 원리』, 원석영 옮김, 아카넷, 2012; 원문은 파리 클라시크 가르니에 출판사에서 나온 책 87~90쪽 참조.

르네 데카르트, 『엘리자베트와의 서신 및 기타 편지들』, 장마리 베이사드·미셸 베이사드 편집, 파리, 플라마리옹(GF 총서), 2018(엘리자베트의 답신 수록).

델핀 콜레스니크앙투안·마리프레데리크 펠레그랭 엮음, 『보헤미아의 엘리자베트와 데카르트, 두 철학자?』, 파리, 브랭, 2014.

마리프레데리크 펠레그랭, 「데카르트와 엘리자베트: 여성과 대화하기, 철학의 장으로서의 서신 교류 Descartes et Elisabeth : dialoguer avec une femme, la correspondance comme lieu de la philosophie」, 올리비에 리보르디·이자벨 비에난드 엮음, 『데카르트와의 대화 Descartes en dialogue』, 바젤, 슈바베 출판사, 2019.

프리드리히 니체(1844~1900)

문헌학자

"문헌학을 사유의 도구 삼아
읽고 생각하는 일의 방법론을 구축하다"

프리드리히 니체는 24세에 스위스 바젤 대학교의 고전 문헌학 교수로 임명되어 그곳에서 10년 동안 강의를 했다. 철학에 전념하게 되면서부터는 문헌학 개념을 비유적이고 비판적인 방식으로 활용했다.

문헌학을 이해하는 방식에는 나라마다, 시대마다 여러 가지가 있고 그에 따른 방법론도 다양하다. 예를 들어 프랑스에서 말하는 문헌학은 독일에서 이해하는 문헌학과 다소 차이가 있다. 니체가 살았던 19세기에는 문헌학의 정의에 대해 지금보다 훨씬 더 의견이 분분했다. 하지만 이런 차이에도 불구하고, 이 학문은 최소한 '읽는 기술', 더 나아가 읽게 만드는 기술로 정의할 수 있다. 문헌학자의 과업은 고대의 글을 다듬어 다시 읽을 수 있게 만들고, 우리가 그 뜻을 이해할 수 있도록 풀어내는 데 있다. 문헌학자는 저자의 정체성과 내용의 진위를 확인하고, 원본 필사본이 전해지지 않는 경우에도 서로 다른 사본들을 바탕으로 가장 신뢰할 만한 글을 만들어내려 애쓴다. 무엇보다 언어·역사적 배경을 제시해 맥락 없이 이해하기 어려운 글을 해석할 수 있게 만든다. 즉, 일반적인 의미에서 문헌학은 글에 대한 비판적인 연구다.

하지만 니체는 문헌학에 대한 자신의 이해를 한층 더 확장해 문헌학 방법론을 다른 영역에서도 사유의 도구로 활용한다. 예를 들어 자신의 저서 『도덕의 계보』[68]에서 인류 도덕의 긴 역사를 하나의 글로 볼 수 있다고 설명하는데, 이런 관점에서 복잡한 글을 비판적으로 분석하는 일은 비유적인 의미에서 문헌학자의 작업과 일맥상통한다고 할 수 있다. 그런데 니체는 애초에 문헌학을 철학의 도구로 삼기 이전에, 그 자체를 연구하는 데서 출발했다. 일례로 학생 시절 수행한 그리스 시에 관한 연구가 매우 뛰어나 1869년 24세에 스위스 바젤 대학교의 문헌학 교수로 임명되었고, 그곳에서 10년 동안 문헌학을 가르치다 사임했다.

---

[68] 프리드리히 니체, 『도덕의 계보』, 박찬국 옮김, 아카넷, 2021.

부분적으로는 건강상의 이유였지만 개인적인 저작 활동에 전념하기 위한 뜻도 있었다.

바젤 대학교 재직 시절 니체의 연구는 오늘날 비교적 잘 알려져 있는데, 바로 그의 강의 노트들이 출간된 덕분이다. 그의 강의는 호메로스, 플라톤, 수사학, 운율학, 리듬 그리고 그리스 문학 전반에 관한 것이었고, 니체는 문헌학을 좋은 독서 훈련이라고 말했다. 즉, 문헌학이란 차근차근, 인내하며, 무엇보다도 정직하게 읽는 일이다. 정직은 문헌학자의 덕목이다. 글을 해석할 때 자신의 선입견이나 습관 또는 취향을 개입시켜서는 안 된다.

> 니체는 독특한 사유 방식을 지닌 사상가로, 그 문체 또한 논쟁의 대상이 되어 왔다. 문헌학자이자 대학교수였던 그는 문헌학 연구에 있어서도 전통적인 방식과는 다르게 접근했다.

니체는 사실 문헌학에는 두 가지 방식이 있다고 봤다. 하나는 편협하고, 지나치게 세부 사항에 집착하며, 시야가 좁은 방식으로, 니체는 대부분의 동료들이 이러한 관행에 안주하고 있다고 판단했다. 다른 하나는 문학의 모든 구성 요소, 언어와 감정의 관계, 인류학적 관점까지 아우르는 넓고 열린 방식이다. 이는 바로 니체의 방식으로, 이러한 경향은 1872년 『비극의 탄생』[69]이 출간되면서 뚜렷하게 드러난다. 『비극의 탄생』은 문헌학자들 사이에서 큰 반감을 불러일으켰다. 이 책의 많은 주제들이 대학 문헌학의 입장을 정면으로 반박했기 때문이다. 디오니소스적 충동과 아폴론적 충동의 구분, 그리고 당시 니체가 친구였던 바그너의 음악에서 강하게 영향을 받은 '음악의 정신'이라는 개념은 많은 문헌학자들에게는 부조리한 의견 아니면 거의 이단적인 목소리처럼 들렸다. 니체 스스로도 「자기비판적 시도Versuch einer Selbstkritik」에서 이 책에 대해 '감당하기 힘든', '부담스러운', '서툴게 쓰인' 책이라고 평가했다.

69 프리드리히 니체, 『비극의 탄생』, 박찬국 옮김, 아카넷, 2007.

한 걸음 더 나아가기

1869년 취임 강연에서 니체는 "문헌학이었던 것이 철학이 되었다"고 선언했다. 이는 철학이 단순히 말에 대한 사랑이라는 의미의 문헌학으로 전락했다고 한탄했던 세네카의 말을 의도적으로 뒤집은 것이다. 문헌학 교수로 부임하는 자리에서 하기에는 다소 특이한 선언이었다. 니체는 처음부터 문헌학을 미래 철학을 위한 도구로 여겼으며 그 도구의 쓰임새는 바꾸면서도 본질은 충실히 지켰다.

깊이

파고들기

프리드리히 니체, 『비극의 탄생』, 박찬국 옮김, 아카넷, 2007.

프리드리히 니체, 『여명Morgenröte』(서문 5절), 『선악을 넘어서Jenseits von Gut und Böse』(22절), 『적그리스도Der Antichrist』(52절), 조르지오 콜리·마치노 몬티나리 엮음, 파리, 갈리마르, 1989.

프리드리히 니체, 「호메로스와 고전 문헌학Homer und die klassische Philologie」, 『고전 문헌학 백과사전Enzyklopadie der klassischen Philologie』, , 『문헌학 저작집Unzeitgemäße Betrachtungen』, 제4권, 파리, 벨 레트르, 2022.

파트리크 보틀랭, 「근본 은유로서의 문헌학La philologie comme metaphore fondamentale」, 『니체와 문명 문제Nietzsche et le probleme de la civilisation』, 제1장, 파리, 프랑스대학출판부, 2012.

하워드 베커(1928~2023)

재즈 피아니스트

"하나의 예술 세계로 사회를 바라보고,
하나의 사회로 앙상블을 바라보다"

하워드 베커는 미국 사회학자로, 재즈 피아니스트이자 사진가이기도 했으며 젊은 시절에는 전문 피아노 연주자로 생계를 꾸렸다. 이러한 경험은 그의 사상에 깊은 영향을 주었으며, 그는 사회생활에서 사람들 간의 상호작용과 다양한 협력 방식을 특히 강조했다.

사회학자로서 하워드 베커의 경력은 대학의 대형 강의실이 아닌 술집과 파티에서 시작되었다. 재즈 피아니스트였던 그의 말에 따르면 '어쩌다 보니' 사회학 공부를 시작하게 됐다고 한다. 이 '우연한 시작'으로 그는 아주 이른 나이인 23세에 시카고에서 경제적으로 취약한 지역에 배정된 여교사들이 겪는 어려움을 주제로 논문을 발표하기까지 했다.

음악가 하워드 베커와 사회학자 하워드 베커는 그렇게까지 분리되어 있지 않았다. 음악가로서 그의 정체성은 사회학자로서의 작업 안에 자주 뒤섞였다. 사회학자 베커는 자신이 술집에서 함께 연주하던 재즈 음악가들을 대상으로 사회학에서 이른바 참여 관찰법이라고 불리는 방법을 활용해 조사를 진행하며 연구를 발전시켜 나갔다. 이러한 접근방식은 연구자가 조사 대상이 속해 있는 상황에 직접 참여하는 경우에 적합하다. 1997년 《폴리틱스Politix》에 '비정상적인 베커 교수의 경력La carrière déviante du professeur Becker'이라는 제목으로 실린 실뱅 부르모와 장필리프 외르탱과의 인터뷰에서 베커가 이야기했듯, 그는 저녁에 열리는 음악 모임에서 연구 자료를 수집했다. 그의 방법에서 눈에 띄는 특징 중 하나는, 조사 과정에서 전형적인 연구 방식인 면담을 사실상 사용하지 않는다는 점이다. 그는 사람들이 나누는 말을 관찰하고 귀 기울여 들은 다음 현장 조사 기록을 남겼고, 주로 재즈 음악가들 삶의 실질적인 측면에 초점을 맞춘 질문을 던졌다. 특히 그들이 하는 일의 불규칙한 성격에 관한 것으로, 예를 들면, "그 드러머는 어떻게 그날 밤 공연을 따냈을까?", "그 색소폰 연주자는 이 술집에서 이전에 연주해 본 적이 있을까?"와 같은 질문이다. 그런데 지극히 현실적인 이런 질문들은 애초에 사회학자의 질문이라고 보기 어렵다. 일반적으로는 음악가와 예술가들이 서로 쓸모 있는 정보, 그러니까 일종의 귀띔을 주고받기 위해 나누는 대화에서 시작된 질문에 더 가깝다. 즉, 그는 사회학자이지만 여전히 음악가의 관점으로 사고하고 탐구한다.

이러한 연구 방식은 재즈의 즉흥성을 닮아 있다. 사회학과 재즈의 관계는 매우 인상적이다.

재즈 음악은 모든 연주자들이 잘 아는 스탠다드와 즉흥 연주의 미묘한 연결 방식에서 독특한 특징을 드러낸다. 실제로 베커의 초기 사회학 조사는, 유추해 보자면, 재즈 음악의 형식과 유사한 방식으로 이뤄지고 있다. 게다가 베커의 사회학적 접근 방식과 음악가로서의 경험 사이에도 뚜렷한 경계가 없다. 그의 작업 전반에는 인간의 사회적 활동 속에서 협력과 상호작용이 지니는 역할과 중요성이 일관되게 드러난다. 이 공동체적 특성은 베커가 연주하는 재즈 음악에서 특히 두드러진다. 재즈 앙상블은 예를 들어 오아시스와 같은 팝 록 밴드처럼 고정된 멤버들이 함께 활동하는 그룹과는 달리 평소에 함께 연주하던 사람들로 구성되는 경우가 드물다. 즉, 재즈 앙상블은 서로 잘 알지 못하는 연주자들이 그날 하룻밤을 위해 모여 만들어내는 하나의 유기체다. 즉흥 연주는 무無에서 나오는 것이 아니다. 왜냐하면 바로 그 즉흥이라는 행위 자체가 우리가 상상하듯 정말 아무런 준비 없이 이루어지지 않기 때문이다.

공연이 끝나면 앙상블은 곧바로 흩어진다. 한 가지 덧붙이자면, 앙상블과 연주자들이 만들어낸 음악은 구별되어야 한다. 비록 일시적인 협업일지라도 그 결과물은 계속해서 하나의 작품으로 남기 때문이다. 하나의 음악 작품은 다른 모든 예술 작품과 마찬가지로 그 작품이 다양한 상호 작용의 연결망 속에 자리 잡고 있다는 점을 고려할 때에만 온전히 이해될 수 있다. 이 상호 작용에는 작품이 대중에게 어떻게 받아들여지는지도 포함된다. 다소 급진적으로 들릴 수 있지만, 베커가 자신의 저서 『예술계』[70]에서 주장했듯, 예술적 천재성을 개인의 능력으로만 이해하는 관점은 허상에 지나지 않으며 무엇보다도 함께 작품에 생명을 불어넣은 수많은 이들의 존재를 지워버린다.

하워드 베커

[70] 하워드 베커, 『예술계』, 하홍규 옮김, 한울아카데미, 2025.

> **한 걸음 더 나아가기**
>
> 하워드 베커는 방대한 업적을 남겼지만, 그 업적을 '그의 것'이라고만 할 수는 없다. 베커의 책은 단지 '그'만의 책이 아니라, 그가 만난 수많은 사람들과의 만남에서 자라난 결실이다. 그의 이름 아래에는 비록 눈에 보이지 않더라도 그의 사상에 영양분을 주어 성장하게 한 모든 이들의 이름이 함께 새겨져 있다. 사실상 이 사회학자가 전하려는 진정한 교훈은, 단수는 언제나 다수로 이루어져 있다는 점이다.

깊이

파고들기

하워드 베커, 『예술계』, 하홍규 옮김, 한울아카데미, 2025.

하워드 베커, 『정확한 초점: 사회과학에서 개별 사례의 유용성에 대하여 What About Mozart? What About Murder?: Reasoning from Cases』, 파리, 라 데쿠베르트, 2016.

실뱅 부르모·장필리프 외르탱, 「비정상적인 베커 교수의 경력」, 하워드 베커와의 인터뷰, 《폴리틱스》, 제10권, 제37호, 1997, 155~166쪽.

장루이 파비아니, 「하워드 S. 베커: 사회학자와 그의 다양한 경력 Howard S. Becker. Le sociologue et ses carrières」, 『폴리티카 Politika』, 2020(온라인 자료).

히파티아(350~415)

천문학자

> "시대를 초월해 학문적으로
> 수많은 전설과 기록을 남기다"

✦

히파티아는 고대 철학에서 실제로 존재했던 인물이자 동시에 신화적인 존재다. 천문학자이자 수학자이면서, 대부분의 종교가 기독교화된 도시에서 여전히 고대 신앙을 지킨 이 신플라톤주의 철학자는 광적인 수도사들에게 살해당한 사건으로도 유명하다.

알렉산드리아에서 태어난 히파티아는 오늘날 그리 널리 알려진 철학자는 아니다. 그녀가 남긴 저작이 단 하나도 남아 있지 않기 때문이다. 그럼에도 불구하고 히파티아에 대한 '전설'은 전해 내려온다. 그녀는 빼어난 미모와 탁월한 지성을 지닌 여성으로 신플라톤주의 철학자이자 널리 인정받은 학자로 묘사된다. 이 '히파티아 전설'은, 안타깝게도 실제로 일어났고 역사적으로 분명히 확인된 사실, 즉 415년 그녀가 광적인 수도사들에 의해 살해된 사건에 의해 더욱 강하게 각인되었다. 그녀가 살해당한 이유는 아직도 밝혀지지 않았다. 비잔틴 제국 시대 이집트의 수도였던 알렉산드리아는 매우 다채로운 문화와 지성의 도시였지만 당시에는 수많은 종교적·정치적 갈등으로 분열되어 있었다. 따라서 히파티아는 대대적으로 기독교화된 도시에서 여전히 고대 신앙을 고수했기 때문에 혹은 정치적으로 지나치게 큰 영향력을 가졌기 때문에 살해당했을 가능성이 있다. 또는 전설이란 늘 그렇듯, 그 밖의 다른 이유가 있을지도 모른다….

그럼에도 히파티아가 무엇보다 지혜가 뛰어나 뚜렷한 존재감을 드러낸 인물이었다는 사실만큼은 분명히 알려져 있다. 그녀는 수학과 천문학을 연구했으며, 특히 수학자였던 아버지 테온과 함께 그의 저서 중 하나를 집필하는 데 협력하기도 했다. 또한 과학 도구도 제작할 줄 알았으며, 특히 아스트롤라베를 만들 수 있었다(아스트롤라베는 별의 위치를 기준으로 자신의 지리적 위치를 계산할 수 있게 해주는 기구로 특히 뱃사람들이 자주 사용했다). 히파티아는 철학도 가르쳤다. 그녀의 옛

제자 시네시우스가 남긴 편지에 따르면, 히파티아는 철학자들의 고유한 복장인 커다란 흰색의 '그리스식 망토'를 입었다고 한다. 히파티아가 고대 신앙을 지켰고 시네시우스는 가톨릭 주교가 되었다는 사실을 고려하면 그가 그녀에게 보인 변함없는 존경심은 더더욱 인상 깊다.

우리는 히파티아의 개인적인 철학에 대해서 아무것도 알지 못한다. 따라서 그녀의 주요 사상이나 이론을 단정적으로 말하긴 어렵다.

우리는 수백 명에 이르는 그리스 철학자들의 이름을 알고 있지만 그들의 저작은 모두 유실되었고 그들에 대해 전해지는 증언도 무엇 하나 남아 있지 않다. 이 점에서 히파티아는 다른 많은 철학자들보다 사정이 그나마 낫다. 고대로부터 내려오는 그녀에 관한 증언은 비교적 풍부하게 남아 있는 편이다. 최근 수십 년 사이 히파티아에 대한 연구가 활발히 이루어지고 있으며, 영어, 독일어, 이탈리아어, 프랑스어로 된 다양한 연구들이 발표되고 있다. 이 연구들은 고대의 증언을 하나하나 면밀히 해석하려는 시도로, 그 안의 모든 단어가 중요한 의미를 지닌다. 그러나 연구자들 사이에 의견의 불일치가 존재하기도 한다. 어떤 이들은 히파티아가 정식으로 교수직을 맡아 대학에서 강의했다고 생각하지만, 다른 이들은 그녀가 철학을 자택이나 거리에서 가르쳤다고 주장한다. 그녀의 과학 활동에 관해서도 의견이 분분하다. 일각에서는 히파티아가 수학과 천문학 저작에 주로 주석을 단 인물이라고 여기는 한편, 자신만의 과학 저작을 남겼지만 안타깝게도 소실되었다고 보는 시각도 있다. 그러나 전설이란 늘 그렇듯, 지식이 부족하면 상상력이 그 빈틈을 채우는 법이다. 이와 같은 기록의 한계에도 불구하고 히파티아라는 인물은 시, 소설, 회화, 조각 등 역사적으로 수많은 예술 작품에 영감을 주었다. 위고 프랫의 만화와 알레한드로 아메나바르의 영화 〈아고라〉에도 그녀의 존재가 등장한다. 대다수 전문가들은 심지어 바티칸에 있는 라파엘로의 유명한 프레스코화 〈아테네 학당〉에 그려진 전신을 흰옷으로 휘감은 인물이 바로 히파티아가 아닐까 추측한다. 알렉산드리아의 철학자인 그녀는 르네상스 시대에도 이미 유명했기 때문이다.

> ### 한 걸음 더 나아가기
>
> 히파티아의 잃어버린 저작들을 읽을 수는 없지만, 그녀를 둘러싼 전설이 하나도 아니고 여럿 남아 있으며, 그 이야기들은 앞으로 얼마든지 새롭게 쓰일 수 있다. 볼테르는 히파티아를 미신의 희생자로 보았다. 전혀 다른 맥락이지만, 오늘날 미국의 여러 페미니스트 잡지는 히파티아의 이름을 사용하며, 그녀를 자신들의 '동지'로 여긴다. 또한 그녀를 마지막 이교도 철학자로 간주하기도 한다. 사실, 히파티아는 과학과 고대철학의 위대한 인물이었다. 우리는 그녀에 대해 우리의 바람대로 상상할 수 있을 만큼은 알고 있지만, 그 정도로는 그녀가 실제로 어떤 생각을 했는지 알기엔 턱없이 부족하다.

깊이
파고들기

키레네의 시네시우스, 『서신집Correspondance』(프랑스 번역본), 파리, 레 벨 레트르, 2000.

앙리에트 하리슈 슈바르츠바우어, 「알렉산드리아의 히파티아 Hypatie d'Alexan- drie」, 『클리오: 여성, 젠더, 역사Clio: Femmes, Genre, Histoire』, 제35호, 2012, 201~214쪽(온라인 자료).

안프랑수아즈 자코테, 「알렉산드리아의 히파티아, 역사적 실재와 이데올로기적 재해석 사이: 근대 상상 속 고대의 위치에 대한 성찰Hypatie d'Alexandrie entre réalité historique et récupérations idéologiques: réflexions sur la place de l'Antiquité dans l'imaginaire moderne」, 『레트르 연구Études de lettres』, 제1~2호, 2010, 139~158쪽(온라인 자료).

위고 프랫, 『베네치아 우화Favola di Venezia』, 파리, 카스테르만 출판사, 1981.

데이비드 흄 (1711~1776)

역사학자

> "오늘 해가 떴다고 해서,
> 내일도 반드시 뜰 것이라 말할 수는 없다"

데이비드 흄은 일반적으로 '절충적 회의주의'를 주장한 철학자로 알려져 있다. 하지만 영국에서는 여섯 권짜리 방대한 『영국사』를 쓴 역사학자로, 철학자로서의 명성 못지않게, 아니 어쩌면 그보다 더 높게 평가받고 있다.

『인간 본성에 관한 논고』[71]와 여러 편의 수상집을 집필한 뒤, 흄은 역사학자가 되었다. 철학자이기도 하지만 그의 업적을 고려했을 때 역사학자로만 소개해도 무방할 정도다. 그가 쓴 역작인 『영국사』는 18세기에 영국뿐만 아니라 유럽 전역에서 엄청난 성공을 거뒀다. 1764년 볼테르는

---

[71] 데이비드 흄, 『오성에 관하여: 인간 본성에 관한 논고 1』(1994)·『정념에 관하여: 인간 본성에 관한 논고 1』(1996)·『도덕에 관하여: 인간 본성에 관한 논고 3』(2008), 박정근 옮김, 서광사.

이를 두고 "언어를 막론하고 아마 가장 잘 쓰인 역사서"라고 평가했고, 1766년에는 훗날 왕으로 즉위하는 루이 16세가 베르사유궁에서 그를 치하했다. 루이 16세가 탕플 감옥에 수감되어 있을 때 흄의 『영국사』를 반복해서 읽었다는 사실은 잘 알려져 있다.

흄은 혁신적인 역사학자다. 흄 이전의 역사책에는 정치적이거나 종교적인 내용이 대부분이었다. 종교적인 역사책은 인간 역사에서 신의 섭리를 드러내고자 했고, 정치적인 역사책은 군주나 왕의 왕위 계승 주장이나 영토 확장을 정당화하는 데 쓰였다. 그러나 흄은 이 두 가지 틀을 모두 거부했다. 그는 중립적이고, 공정하며, 균형 잡힌 시각의 역사서를 썼다. 자서전에서 흄은 『영국사』가 왕의 특권을 지지하는 보수 세력인 토리당뿐만 아니라 왕의 권력을 제한하고 의회의 권한을 확대하려는 자유주의 성향인 휘그당의 반감을 샀다고 이야기한다. 즉, 흄은 양쪽 진영 모두를 불쾌하게 만들었다. 예를 들어 그는 다음과 같이 기록했다. "확실히 어느 국가의 기원을 거슬러 올라가 보더라도, 처음부터 찬탈이나 반란으로 시작하지 않은 왕조나 공화국은 거의 없다."[72]

---

[72] 데이비드 흄, 『도덕에 관하여: 인간 본성에 관한 논고 3』, 제2부 「정의와 불의에 대하여」, 제10절 「충성의 대상에 대하여」, 박정근 옮김, 서광사, 2008.

철학자 흄은 회의주의자로서, 수학을 제외하고는 확실한 진리에 도달할 수 있는 길은 없다고 믿었다. 인간 경험에 대한 이러한 관점은 그가 역사학자로서 이룬 작업의 독창성을 잘 보여준다.

흄은 자신의 철학에서 관념 사이의 관계와 사실 사이의 관계를 구분한다. 수학과 같은 관념 사이의 관계는 확실하고 절대적인 진리를 담고 있다. 반면, 경험의 영역에서는 어떤 사실의 진실을 보장해 줄 수 있는 논리적 확실성이 존재하지 않는다. 흄이 '내일은 태양이 떠오르지 않으리라'라는 말에도 논리적 모순은 없다고 주장하는 이유가 여기에 있다. 그러나 경험적 현상에 대해 절대적인 확신이 없다는 점은 그가 미래의 사실들에 대해 이야기할 때만 해당되지는 않는다. 과거의 사실들도 마찬가지다.

이론상으로 역사는 사실들의 관계를 보여주며, 이 관계는 인간 경험의 바탕을 이룬다. 역사학자는 이러한 사실들의 관계를 공정하게 서술하고 서로 다른 관점들을 대조해야 한다. 그다음에는 확실하고 절대적인 진리가 아니라 그럴듯한 설명을 제시한다. 흄에 따르면 이러한 연구는 우리의 경험과 인간 본성에 대한 이해를 확장시켜 준다. 물론,

역사는 '야망, 탐욕, 허영'과 같은 갈등과 열정이 뒤얽힌 혼란스러운 광경을 보여주지만, 그 속에서도 일정한 원칙과 비교적 안정된 질서를 찾아볼 수 있다. 그래서 그는 다음과 같이 기록했다. "역사책을 즐겨 읽는 사람은 세상의 시작부터 살아온 셈이다."[73]

한 걸음 더 나아가기

철학자 흄과 역사학자 흄 모두 인간의 역사가 폭력적인 동시에 평화를 이루는 힘도 가지고 있다는 데 동의한다. 역사가 폭력적인 이유는, "변화는 (중략) 대중이 참여할 때 필연적으로 피와 혼란을 수반할 수밖에 없기 때문"[74]이다. 하지만 그럼에도 역사는 이에 정당성을 부여함으로써 평화를 가져오는 역할을 하기도 한다. 그는 대략 이렇게 말했다. 60년 동안 지속된 찬탈이 결국 받아들여지는 이유는 새로운 세대가 이전 상황을 알지 못하기 때문이다. 따라서 흄의 역사적 사유는 모든 진영에서 번갈아 가며 비판과 지지를 받을 수밖에 없었다.

---

73 데이비드 흄, 「역사 연구에 대하여 Of the Study of History」, 『도덕, 정치, 문학에 관한 수상집 Essais moraux, politiques et littéraires』, 장피에르 자크송 옮김, 파리, 얼라이브, 1999, 337쪽.

데이비드 흄　　**74** 앞의 책.

깊이

파고들기

클로드 고티에, 『흄과 역사학적 지식들 Hume et les savoirs de l'histoir』, 파리, 프랑스대학출판부, 2005.

데이비드 흄, 『영국사: 율리우스 카이사르의 침략부터 1688년 혁명까지 The History of England: from the Invasion of Julius Caesar to the Revolution in 1688』(1754~1762), 장바티스트 드니 드프레 옮김, 파리, 자네·코텔, 전 10권, 1819~1822.

데이비드 흄, 「역사 연구에 대하여」·「나의 삶 My Own Life」, 『여러 주제에 관한 수상과 논고들 Essays and Treatises on Several Subjects』, 제1권, 『도덕, 정치, 문학에 관한 수상집』, 제1부, 파리, 브랭, 1999.

엘레오노르 르 잘레, 「흄의 『영국사』에 비추어 본 열광과 미신 Enthousiasme et superstition à partir de l'Histoire d'Angleterre de Hume」, 『형이상학과 도덕 Métaphysique et de Morale』, 제59호, 2008년 3호, 351~363쪽.

르네 데카르트(1596~1650)

해부학자

> "철학으로 영혼을 탐구하고,
> 매스 날로 육체를 해부하다"

※

르네 데카르트는 해부학자로서는 인간의 육체를, 철학자로서는 삶의 현상을 실험적으로 탐구한 학자였다. 그는 해부는 물론 생체 해부까지 직접 해본 경험이 있다.

우리는 데카르트를 철학자, 형이상학자 그리고 과학자로 알고 있다. 그의 동물-기계에 관한 생리학 이론은 17세기부터 유명했다. 동물의 몸, 그리고 인간의 육체 역시 신이 설계하고 만들어낸 지극히 정교한 기계라는 주장이다. 1637년에 발표된 그의 저서 『방법서설』 제5부에서는 이러한 원리에 따라 심장의 작동 방식을 설명하고, 영국의 의사인 윌리엄 하비에 이어 혈액 순환 구조를 논증했다. 데카르트는

"[심장]의 열은 혈액을 팽창시켜 기계인 우리의 몸 전체를 움직이는 첫 번째이자 가장 중요한 동력"[75]이라고 썼다.

데카르트의 생리학적 분석과 이론은 무엇보다 세심한 관찰에 기반한다. 데카르트가 암스테르담에 머물던 시절, 칼베르스트라트 근처에 살았는데, 네덜란드어로 '송아지 거리'라는 이름이 말해주듯 그곳에는 당시 정육점이 많았다. 덕분에 그는 동물의 장기를 가까이에서 관찰할 수 있었다. 『방법서설』에서 심장의 작동 원리를 설명하기에 앞서, 데카르트는 독자들에게 "폐가 있는 거대한 동물의 심장을 눈앞에서 해부해 보라"[76]고 제안하기도 한다. 오늘날 『방법서설』의 독자들 가운데 과연 이 제안을 따르는 사람이 얼마나 될지는 모르겠다….

그때까지 데카르트는 해부학자가 아니라 생리학자의 입장에서 글을 써왔다. 프랑스 생리학자 클로드 베르나르는 19세기에 이렇게 말했다. "해부학자는 해부하고, 생리학자는 분석한다."[77] 데카르트는 정육업자들의 도축 과정

---

[75] 르네 데카르트, 『인간 육체에 대한 설명Description du corps humain』, 『전집』 제11권, 샤를 아담·폴 타네리 엮음, 파리, 브랭, 1974, 228쪽.

[76] 르네 데카르트, 『방법서설』, 제3부, 이현복 옮김, 문예출판사, 2022; 인용은 파리 갈리마르 출판사에 나온 책 112쪽 참조.

[77] 클로드 베르나르, 『실험의학의 원리Principes de médecine expérimentale』, 파리, 마송·프랑스대학출판부, 1962, 209쪽.

을 관찰하는 데 그치지 않고 직접 동물의 사체를 열어보기도 했다. 그의 서간집을 보면, 데카르트가 여러 차례 다양한 동물을 해부했다는 사실이 적혀 있다. 특히 물고기, 토끼, 소, 뱀장어 등이 주 실험 대상이었다. 그는 1638년 2월 15일 의사 플렘피우스에게 보낸 편지에서는 살아 있는 토끼를 해부한 과정을 묘사하고, 같은 해 3월 31일 자로 학자인 마랭 메르센느에게 보낸 편지에서 나이든 소의 눈을 절개한 이야기를 전한 바 있다.

그러므로 우리는 손에 세모날을 든 채 동물을 대상으로 해부학 실험에 전념하고 있는 데카르트의 모습을 상상해 볼 수 있다.

세모날을 이용한 생체 해부에 대한 묘사는 매우 교육적이지만, 사실상 오늘날의 감수성으로는 다소 거북하게 느껴진다. 한편 철학자로서 데카르트는 신의 존재나 정신을 이끄는 규칙에만 관심을 두지 않았다. 과학적 이론의 실험적 검증을 중시했던 학자였고, 스스로도 무엇보다 그런 태도를 지향했다. 그는 2월 15일자 같은 편지에서 플렘피우스에게 다음과 같이 썼다. "내 주장을 반박하는 의견이 있으리라곤 생각할 수 없다. 어차피 확실한 실험 몇 번이면 바로 조용해질 것이다."[78] 이런 발언은 오만해 보일 수 있지만, 데카르트는 언제나 학자들에게 적극적으로 반론을 제기해 달라고 요청했으며, 모든 반론에 답을 내놨다.

좀 더 근본적으로 들어가자면, 데카르트의 실험에는 단순한 지식 획득을 넘어서는 더 높은 목적이 있다. 실험은 의학과 윤리학의 토대를 이뤄야 하며, 데카르트에게 이 두 학문은 철학이라는 나무에서 열리는 가장 귀한 열매다. 참으로 다행스럽게도 오늘날 우리는 동물의 처우에 특히 민감하게 반응한다. 하지만 데카르트가 살아 있던 당시에도 그의 실험 방식을 비난하는 목소리가 있었다. 실제로 그가 메르센에게 보낸 편지에서 해부학 실험을 옹호하는 방식을 보면 짐작 가능하다. 그는 "해부학에 호기심을 갖는 게 죄는 아니지 않나."[79]라고 썼다. 데카르트에 따르면 인간의 몸도 동물의 몸과 마찬가지로 하나의 기계이며, 동물 특히 포유류의 해부학은 의학과 윤리학의 기초를 세우는 데 간접적으로 기여한다.

---

[78] 르네 데카르트, 「보피스쿠스 플렘피우스에게 보낸 1638년 2월 15일자 편지Lettre à Vopiscus Plempius du 15 février 1638」, 『서간집Correspondance』, 제2권, 『전집』 제8권, 파리, 갈리마르(플 총서), 2013, 411쪽.

[79] 르네 데카르트, 「마랭 메르센에게 보낸 1639년 11월 13일자 편지Lettre à Marin Mersenne du 13 novembre 1639」, 『서간집』 제1권, 『전집』 제8권, 파리, 갈리마르(플 총서), 2013, 351쪽.

> **한 걸음 더 나아가기**
>
> 영혼의 유일한 기능은 사고하는 것이라고 보고, '나는 생각한다, 고로 존재한다'라는 말로 유명한 내면을 탐구하는 형이상학자 데카르트와 메스 날 끝으로 몸의 움직임을 추적하며 외면을 연구하는 해부학자 데카르트, 이 둘은 서로 다른 존재가 아니다. 데카르트 철학에서 영혼과 육체가 분리되거나 대립하지 않듯, 이 두 데카르트도 마찬가지다.

르네 데카르트

깊이 파고들기

아니 비에볼 에스페리에스, 『데카르트의 생명 원리Le Principe de vie chez Descartes』, 파리, 브랭, 1990.

아니 비에볼 에스페리에스, 「베살리우스에서 데카르트까지: 심장, 생명De Vésale à Descartes : le cœur, la vie」, 『의학과학사Histoire des sciences médicales』, 제48권, 제4호, 2014(온라인 자료).

르네 데카르트, 『방법서설』, 이현복 옮김, 문예출판사.

르네 데카르트, 『서간집』, 『전집』 제8권, 제1·2권, 파리, 갈리마르(텔Tel 총서), 2013.

시몬 베유(1909~1943)

노동운동가

"노동자들의 편에 서서
연대와 투쟁의 삶을 살다"

34세에 생을 마감한 명석한 지성의 시몬 베유는 짧은 생애 동안 여러 가지 형태의 삶을 살았다. 그녀는 철학 교사였고, 공장 노동자였으며, 스페인 내전에 참전한 투사였고, 자유 프랑스[80]를 위해 헌신한 열사였다. 이 모든 투쟁 속에서 그녀는 '공동체적 삶의 강렬한 감각'을 추구했다.

시몬 베유는 철학 교사직을 그만두고 공장 노동자가 된 인물로 잘 알려져 있다. 너무 이른 나이에 결핵으로 숨을 거둔 그녀의 삶은 결코 평범하지도, 순탄하지도 않았다.

부르주아 가정에서 자란 시몬 베유는 우수한 학업 성

---

[80] 편집자 주 - 제2차 세계대전 중 나치 독일에 점령된 프랑스에 맞서 싸운 저항 세력.

취를 이룬 뒤 프랑스 르퓌엉벨레에서 철학을 가르쳤다. 그러다 1931~1932년 겨울, 실업 문제에 항의하고, 임금 인상을 요구하기 위한 노동조합의 파업 운동에 동참했다. 당시 프랑스는 1929년 미국 증시 폭락에 이은 심각한 경제 위기를 겪고 있었다. 이른바 '대공황'에 허우적거릴 때였다.

철학자로서 그녀는 단지 도덕적이거나 지적인 차원에 그치지 않고 구체적인 행동으로 파업 운동을 지지했다. 자신의 급여 대부분을 파업 노동자들을 위한 연대 기금에 썼고, 자신을 위해서는 하루 5프랑만 남겨 생활했다. 이 돈은 당시 르퓌 지역 실업자들이 받던 실업 수당과 같은 수준이었다. 놀랍게도 시몬 베유는 공장에 들어가기 전부터 이미 노동자의 삶을 살고 있었다. 이렇듯 노동자의 삶에 발을 들인 계기는 다름 아닌 파업, 즉 일이 멈춘 순간이었다. 그녀는 더 나아가 노동자들과 똑같은 수준의 돈으로 살아가며 그들의 삶을 이해하려 했다. 본격적인 노동을 경험하기에 앞서, 먼저 노동자들의 물질적 삶의 조건을 몸소 받아들였다. 말하자면 그녀는 1967년부터 일부 마오주의 지식인들과 운동가들이 시작한, 이른바 '에타블리'[81] 운동[82]

---

[81] 내게 이 연관성을 제안해 준 레아 수케 바지에주에게 감사 인사를 전한다.

[82] 1960~1970년대 마오주의의 영향으로 노동자의 삶을 함께 나누고, 투쟁하기 위해 청년, 학생, 지식인 등이 공장에 취업하던 움직임을 일컫는다.

을 한 발 먼저 실천한 셈이다. 이 운동으로 많은 학생들이 노동자의 처지를 더 잘 이해하고 노동 투쟁에 힘을 보태기 위해 공장에 들어가 일했다.

> 시몬 베유가 공장에서 마주한 것은 파업 운동의 집단적 열기가 아니라 작업장 안에서 노동자들이 겪는 고립과 고통이었다.

투쟁 속에서 피어나는 연대 의식과 공장에서 이뤄지는 일상적인 노동 현실 사이에는 분명한 괴리가 존재했다. 노동자로서 시몬 베유의 경력은 1934년부터 1935년까지로 비교적 짧았지만, 노동자의 삶을 내면 깊숙이 이해하기에는 충분히 강렬한 경험이었다.

그녀는 알스톰의 르쿠르브 공장에서 단순 노동자로, 이어 쉬지 않고 불로뉴의 카르노 바스 앵드르 공장에서 철강 산업 노동자로 일하다가 실업 상태에 놓이게 되었다. 마지막으로는 르노 공장에 절삭공구 직공으로 입사해 1935년 6월부터 8월까지 근무했다. 이처럼 베유가 경험한 공장 노동은 다양했으며, 그녀가 '노동자의 상황'이라는 본질을 이해하는 데 한층 더 넓은 시야를 열어주었다. 그녀는 이러한 상황이 시대와 장소에 따라 달라진다는 점을 잊지 않고 상기시킨다.

시몬 베유가 1936년에서 1941년 사이에 집필한 후 1942년 《경제와 휴머니즘 Économie et humanisme》이라는 잡지에 발표한 「공장 생활 체험 Expérience de la vie d'usine」이라는 글에서 그녀는 자신의 경험을 되돌아본다. 이를 통해 공장 생활에 대한 뻔한 담론이 아닌 구체적이고 생생한 증언으로서 이야기를 한다. 노동자들이 기계에 짓눌리고, 숨 돌릴 틈 없는 작업 속도에 허덕인 채 권위를 남용하며 끊임없이 압력을 가하는 하급 관리자들에게 시달리는 비인간적인 현실을 묘사한다. 그녀는 "공장은 공동체적 삶의 강력한 감각을 통해 소속된 노동자의 영혼을 채워줄 수도 있을 것이다"라고 썼다. 그러나 체념하듯 이렇게 덧붙였다. "공장 생활이 정말 그렇다면 얼마나 좋을까. 하지만 현실은 그렇지 않다."

한 걸음 더 나아가기

사회운동과 종교적 실천이라는 두 가지 영역에서 헌신하며 '붉은 성녀'라 불린 시몬 베유는 안락한 교실을 떠나 공장의 거친 노동 현장을 선택했다. 스스로 선택한 일이었기에 추락이 아니었다. 오히려 그녀가 지나온 삶의 여정은, 오늘날의 표현을 빌리자면 '역방향 계급 이동자'라고 부르는 게 알맞을지도 모른다. '진정 인간다운 삶'이라는 은총에 이르기 위해, 그녀는 훗날 등장할 '에타블리' 운동에 앞장섰을 뿐만 아니라 가장 어려운 처지에 놓인 이들과 함께했다. 무엇보다 그들의 삶을 직접 경험하며, 열악한 노동 환경의 중압감을 견디는 단호한 선택을 했다.

시몬 베유

깊이

파고들기

조엘 자니오, 『시몬 베유: 주의와 실천 l'attention et l'action』, 파리, 프랑스대학출판부, 2002.

시몬 페트르멍, 『시몬 베유의 삶 La Vie de Simone Weil』, 파리, 파이아르, 1973.

시몬 베유, 『중력과 은총 La Pesanteur et la grâce』, 파리, 포케, 1991.

시몬 베유, 『노동자의 상황 La Condition ouvrière』, 파리, 플라마리옹 (GF 총서), 2022.

마치며

　이 책은 2023년 7월에서 8월까지 라디오 채널 〈프랑스 문화〉에서 방송된 시리즈 '철학자들의 진짜 직업' 40편을 엮어 만들었다. 왜 40편일까? 8주 동안 한 주에 5편씩 방송을 했으니, 8에 5를 곱하면 40이 나온다. 그런데 우연치고는 절묘하게, 40이라는 숫자는 상징적으로도 중요한 의미를 지닌다. 프란츠 베르펠의 소설 『무사 다그의 40일 Die Vierzig Tags des Musa Dagh』, 천일야화의 『알리바바와 40인의 도적』, 볼테르의 단편 철학 소설 『돈 40에퀴를 가진 남자』를 떠올려 보면 고개를 끄덕이게 된다.
　이 책의 각 에피소드들은 하나의 이야기처럼 연속적으로 전개되지 않는다. 또한 자유롭고 다채로운 구성을 고려해 순서를 정했다. 따라서 마음이 가는 대로 자유롭게 책을 읽어도 상관없다. 한 가지 바람이 있다면, 독자들이 이 책을 읽으며 하나의 재미있는 이야기를 듣는 듯한 느낌을 받았으면 좋겠다. 해당 인물을 더 깊이 탐구하려는 독자들을 위해 각각의 에피소드마다 마지막에 서너 권의 짧은 참고문헌 목록을 수록했다.

이 지면을 빌려 감사의 뜻을 표현하고 싶은 이들이 많다. 내게 라디오 방송을 맡겨주고, 책으로 출간할 수 있도록 지지해 준 에믈리 드 용과 플로리앙 들로름, 이 방송의 기획과 제작을 세련된 감각으로 이끌어주고, 너그러운 마음으로 함께 해준 세실 비도, 내가 셀 수 없이 많은 도움을 받고, 덕분에 라디오 방송이라는 더없이 소중한 경험을 쌓을 수 있게 해준 쥘리에트 들라노아, 언제든 든든하게 지지해 주고 아낌없이 조언해 준 제랄딘 뮈월만, 전문적인 식견으로 방송을 경청하며 도움을 준 에마뉘엘 바움가르트너, 올리비엘 엘르, 플로랑 라트리브, 엘리자베트 미로, 함께 일할 수 있어서 무척 기뻤던 조세핀 벳서, 아침 방송 책임자인 기욤 에르네르, 캉탱 라페, 쥘리 가콩 그리고 방송에 출연해 줬던 모든 사람에게 가슴 깊이 고마운 마음을 느낀다. 또한 라디오 프랑스 출판 편집부의 안쥘리 베몽,

파야르 출판사 편집장 이자벨 사포르타, 토마 폰데르셰르, 레아 수케바지에주에게도 진심을 다해 감사 인사를 전한다. 특히 이 책의 출간 과정을 처음부터 끝까지 동행해 준 프랑시스 볼프가 없었더라면 『철학자들의 진짜 직업』은 세상에 나올 수 없었을 것이다.

〈프랑스 문화〉에서 방송된 시리즈든, 이 시리즈의 에피소드를 엮어 만든 책이든 관련해 아이디어와 개선점을 제안해 준 친구들 중에서도 브뤼노 나심 아부드라르, 쥘리 가콩, 캉탱 라페, 카트린 라레르, 스테판 마르샹, 아드리엔느 프티 그리고 베르나르 세브에게 정말 고맙다고 말하고 싶다.

끝으로, 청취자 여러분의 따뜻한 관심과 성원에 크게 감동했다. 깊이 감사드린다.

철학자 연대순 목록

디오게네스(기원전 413~323)

마르쿠스 툴리우스 키케로(기원전 106~43)

루키우스 안나이우스 세네카(기원전 4~기원후 65)

플루타르코스(46~125)

에픽테토스(50~125)

마르쿠스 아우렐리우스(121~180)

히파티아(350~415)

미셸 드 몽테뉴(1533~1592)

마리 르 자르 드 구르네(1565~1645)

토머스 홉스(1588~1679)

르네 데카르트(1596~1650)

엘리자베트 폰 데어 팔츠(1618~1680)

블레즈 파스칼(1623~1662)

바뤼흐 스피노자(1632~1677)

고트프리트 빌헬름 라이프니츠(1646~1716)

장 멜리에(1664~1729)

샤를 루이 드 몽테스키외(1689~1755)

에밀리 뒤 샤틀레(1706~1749)

데이비드 흄(1711~1776)

장자크 루소(1712~1778)

드니 디드로(1713~1784)

클로드 아드리앵 엘베시우스(1715~1771)

쇠렌 키르케고르(1813~1855)

자크 엘리제 르클뤼(1830~1905)

프리드리히 니체(1844~1900)

앙리 베르그송(1859~1941)

가스통 바슐라르(1884~1962)

한나 아렌트(1906~1975)

클로드 레비스트로스(1908~2009)

시몬 베유(1909~1943)

디나 드레퓌스(1911~1999)

코르넬리우스 카스토리아디스(1922~1997)

아서 단토(1924~2013)

하워드 베커(1928~2023)

바르바라 카생(1947~)

베르나르 스티글레르(1952~2020)

도미니크 메다(1962~)

매튜 크로포드(1965~)

이브 퀴세(1972~)

아녜스 게로(1979~)

기욤 마르탱(1993~)

철학자 연대순 목록

철학자들의 진짜 직업
위대한 사상가 40인의 본업과 그 속에 감춰진 흥미진진한 삶의 역설

초판 1쇄 발행 2025년 8월 8일

지은이 나심 엘 카블리
옮긴이 이나래
펴낸이 조미현

책임편집 박다정
디자인 디스커버
마케팅 이예원, 공태희
제작 이현

펴낸곳 ㈜현암사
등록 1951년 12월 24일 (제 10-126호)
주소 04029 서울시 마포구 동교로12안길 35
전화 02-365-5051
팩스 02-313-2729
전자우편 editor@hyeonamsa.com
홈페이지 www.hyeonamsa.com

ISBN 978-89-323-2438-8 (03100)

• 책값은 뒤표지에 있습니다. 잘못된 책은 바꾸어 드립니다.